サッカーBoS《ベーオーエス》理論

"Das Ballorientierte Spiel" Theorie

ボールを中心に考え、ゴールを奪う方法

河岸 貴／著

KANZEN

BoS（ベーオーエス）理論

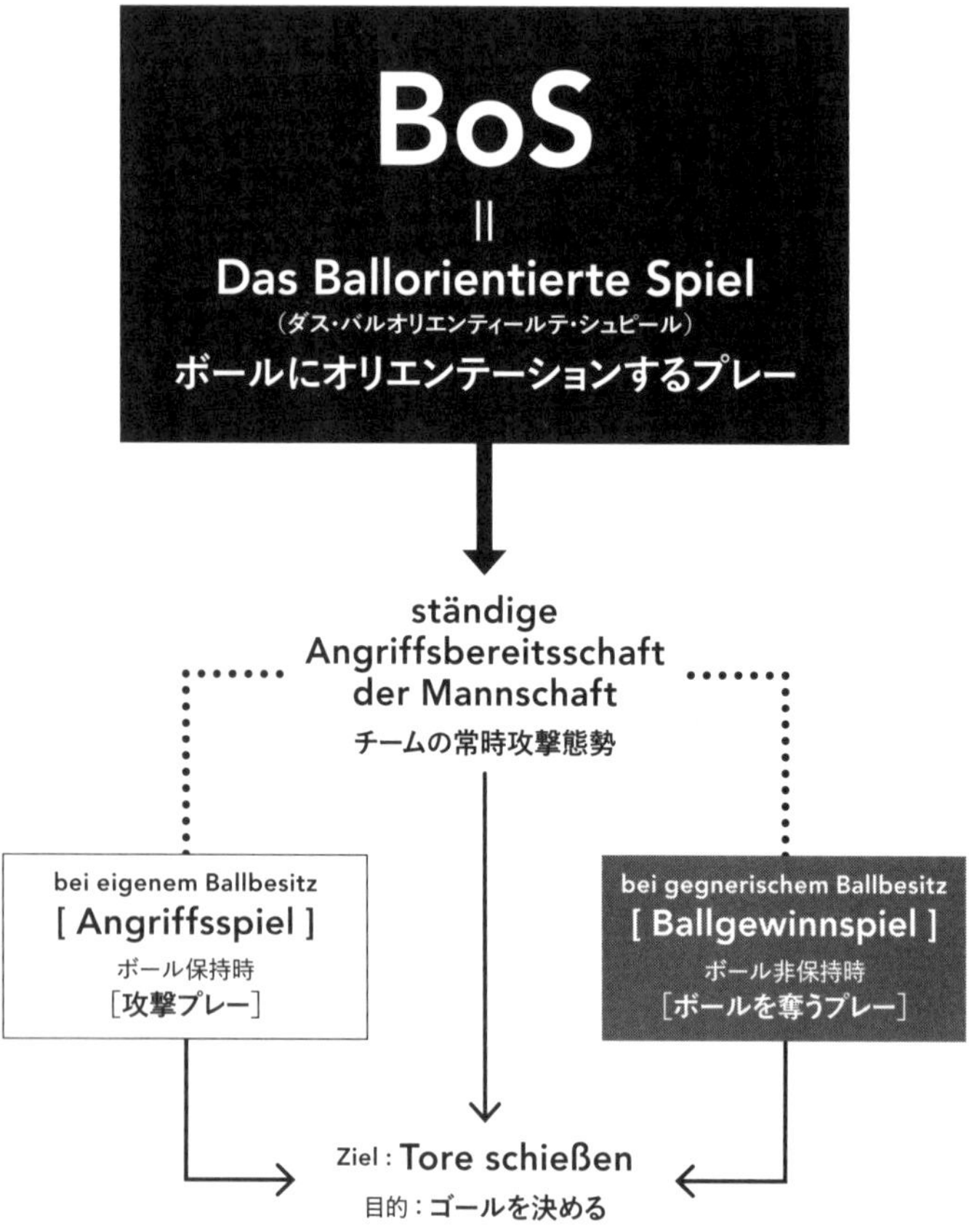
BoS
||
Das Ballorientierte Spiel
（ダス・バルオリエンティールテ・シュピール）
ボールにオリエンテーションするプレー
ständige
Angriffsbereitsschaft
der Mannschaft
チームの常時攻撃態勢
bei eigenem Ballbesitz
[Angriffsspiel]
ボール保持時
［攻撃プレー］
bei gegnerischem Ballbesitz
[Ballgewinnspiel]
ボール非保持時
［ボールを奪うプレー］
Ziel : Tore schießen
目的：ゴールを決める

ボールを奪うプレーの循環
Der Kreislauf des Ballgewinnspiel
（デア・クライスラウフ・デス・バルゲヴィンシュピール）

(Alle hinter den Ball kommen,
Vorwärtsverteidigungsbereitschaft)
（11人がボールの後方に構え、前方向へアタック態勢を取る）

Contents

はじめに

もし、本書を手に取った方が日本のサッカーに満足しているならば、本書を読む必要はないでしょう。しかし、例えば、日本のサッカーと海外のサッカーの間にある歴然とした相違を感じている方には、その違和感の解消に役に立つかもしれません。

私はこれまで何人かドイツのサッカー関係者を日本でアテンドしたことがあります。彼らがJリーグの試合を視察した際、攻撃には一定の理解を示すものの、彼らが口を揃えて言ったのは、「一体、守備はどうなっているんだ?」。私自身も一時帰国するたびに、同じような思いを抱いてきました。本書はそんな守備（ボール非保持時）への感情を綴った一冊とも言えます。

「ＢｏＳ（ベーオーエス）理論」は、日本人にマッチするサッカー理論だと確信しています。なぜなら、ボール非保持時では、11人全員が連動し、集団でボールを奪いに行くからです。お互いが協力し、規律正しく、集団行動ができる「フォアア・ザ・チーム精神」を顕著に持つ日本人にとって、うってつけのサッカーではないのかと考えています。しかし、本書の1章でも記述したように、田中碧選手の言葉、「局所局所で1対1をしている」のが日本のサッカーの現状ではないでしょうか。

2023年9月10日に行われたドイツ代表対日本代表の親善試合は、ドイツにとって22年のカタール・ワールドカップのリベンジを果たすべき機会でした。しかし、周知のとおり、結果は1対4で返り討ちにあっています。敗因の理由の一つとして、この親善試合の2カ月前に元ドイツ代表のバスティアン・シュヴァインシュタイガー氏が低調なドイツに対し、「我々は価値観を失った。他国は常にドイツ代表は非常に戦うチームであると認識していたし、我々は最後まで走り切っていた」とすでに指摘していたように、ドイツのサッカーの「基本的なプレー態度」が欠落していたことが挙げられます。この欠落は「ＢｏＳ理論」の根幹を揺るがします。チームとして、チームのために戦い、そして走る。この基本的な態度は選手一人ひとりがプレーする前提として持たなければいけません。

「ＢｏＳ理論」は局面を攻撃と守備に分けず、ボール保持時とボール非保持時と捉えます。ボール保持時はみなさんの想像するいわゆる攻撃であり、またボール非保持時も「ボールを奪う攻撃」であるという大胆な切り口です。常に攻撃している状況、つまり「常時攻撃態勢」を基本としています。攻撃の目的は、当然ゴールを決めることであり、したがって、本書はボールの位置が相手ゴール近くにある場合のボールを奪う攻撃から解説しています。章が進むにつれてボールの位置は自陣ゴールに近づいていきます。サッカーは相手より多くゴールしたチームが勝つスポーツです。ゴールとは「ボールがゴールに入ること」。だからこそ、「ボールを中心に考え、サッカーをする」、それが「ＢｏＳ理論」です。

最後の８章は、季刊誌『フットボール批評』の休刊により、残念ながら連載に入れ込めなかったトピックを追加した章です。ボールロスト以前に考えるべき、実行すべきことなど、ボール保持時の攻撃の留意点について触れています。これはボールを奪う攻撃の前段階として非常に重要です。

本書によって、ボール非保持時が決して守備というパッシブ（受動的）なイメージではなく、選手がダイナミックに、アクティブ（能動的）にボール非保持時を攻撃として楽しんでくれるようになれば幸いです。それでは、ボールを奪う攻撃の世界をお楽しみください！

河岸貴

"Das Ballorientierte Spiel" Theorie

「BoS理論」

「BoS(ベーオーエス)理論」の目的は、「ボールを中心にプレー」して、
「ゴールを決めること」にある。
「違う競技」と呼ばれて久しい日本のサッカーと照らし合わせながら、
日本には浸透していない方法論「BoS理論」の骨格を解説する。

東京オリンピックが日本のサッカーの限界

ここにきて日本のサッカーと世界のサッカーは「違う競技」という発言が、海外でプレーした選手、指導者から立て続けに発信されるようになりました。まず、長年、ドイツでプレーした内田篤人氏が２０２０年の引退会見で「違う競技だなと思うくらい、僕の中では違いがある」と先陣を切り、ハンブルガーＳＶで主将を務めた酒井高徳選手も21年2月、『News Picks』で『違う競技』という感じが本当にある」と述べています。同年7月27日に配信された『Number Web』の記事でも、現在オーストリアのザンクト・ペルテンでテクニカルディレクターを務めているモラス雅輝氏が「僕も指導者として同じことを感じている」と両者に続きました。

「違う競技」という表現は、まさにそのままの表現だと思います。サッカーというスポーツ自体の概念そのものが違うので、戦術はもちろんのこと、個々人に求められる能力、タスクが必然的に異なるのも無理はありません。そして、おまけにレフェリーのジャッジも……。すべてにおいて圧倒的な違いがあります。本当であればもっと早い段階から、世界のサッカーを知る誰かが意を決して「違う競技」と訴えるべきでした。内田氏はブンデスリーガでプレーしているときからおそらく「これは、やばいぞ」と危機感を持っていたはずですが、現役選手が批判と捉えられるような声を高らかに上げるのはやはり難しいものです。海外でプレーしていた他の日本人選手も、やるせない感情を持っていたのではないか、と私は想像しています。

２０２１年７月から８月にかけて行われた東京オリンピックでも、３位決定戦でＵ－24メキシコ代表に１対３で敗れ４位に終わったＵ－24日本代表の選手たちは同じようなコメントを残しています。まず、グループステージ第２節のメキシコ戦後、途中出場した前田大然選手（当時の所属は横浜Ｆ・マリノス）は、「球際とか、Ｊリーグとはまったくレベルが違う」と言っていました。そして、３位決定戦後に田中碧選手（当時の所属は川崎フロンターレ）が話した内容はメディアでかなり取り上げられ、「Ｊリーグですごく成長したと感じていたが、結局それが何一つ通用しなかった。彼ら（メキシコ）はサッカーをしている中、僕たちは１対１をし続けている」と話しています。

この田中選手のコメントは私が耳にした中で、世界との差を最も具体的に表しています。これは非常に重い発言で、日本のサッカー界は素直に受け取らなければいけません。Ｊリーグで無敵を誇る川崎フロンターレ（２０２１年当時）を支えた中心選手、しかも現役の若手選手が声を上げたということは、それほど彼は日本の現状に危機感、いや、空虚感、無力感に近い感情を持ったのではないでしょうか。

ワールドカップなどの大きな国際大会のあとにこのようなコメントを毎回聞いている気もし

なくはないですが、確かに選手のリアルな総括に触れると、日本と世界の差がなんとなくわかったような気になります。しかし、具体的な差をいろいろな理由にかこつけてメディアを含めて直視せずにきてしまったことが、このような負のループを生んでいる原因なのではないでしょうか。今回もまた「海外でプレーをするしか、その差は埋めることはできない」という他力本願的な論調になっていくとしたら、残念としか言いようがありません。

その東京オリンピックの準決勝、U－24スペイン代表戦の内容が、国内ではおおむねポジティブに捉えられています。日本サッカーの限界を超えてくれた、と。良い部分を探せばそのような一面はあることにはありますが、楽観的ムードには個人的には賛同しかねます。むしろ、現状における日本の限界を示したと言えるのではないでしょうか。確かに海外でプレーしている選手たちは、自らの能力をフルに体現できていました。特に、ともに残留争いを強いられ、ボールを支配できないクラブに所属する堂安律選手（当時の所属はドイツ：アルミニア・ビーレフェルト）と久保建英選手（当時の所属はスペイン：ヘタフェ）は、その環境でかなり鍛えられており、90分を通して前への推進力が落ちなかったのはそのためでしょう。彼らがいなかったら、日本は前へ出て、さらにゴールチャンスを作るのは難しかったと思います。

では、日本では常に拝められる存在であるスペインの実力はどうだったのでしょうか。縦を意識したポゼッションでペナルティエリアまで運ぶ技術はさすがだったのですが、らしくないパスミスも多く、肝心のペナルティエリア内、アタッキングサード（敵陣）での精度はおおむね低かったように感じます。決めるべきところで決め切ることができず苦しんでいました。全体を通して今回のスペインは、相変わらず「うまかった」ことは確かだったにせよ、強かったかというと疑問符がつきます。むしろEURO2020での問題が再浮上したと私は見ています。ペナルティエリア付近までボールを運べたとしても、最後のクオリティが上がらなければ、上位には食い込めるとはいえ、国際大会で優勝することは難しいでしょう。

京都サンガF.C.に見る「違う競技」からの脱却

比較的低調だった相手にU－24日本代表が展開したサッカーを見ると、そのサッカーは決してモダンなものではありません。前線のFWが遮二無二走り回るものの、チーム全体の守備はパッシブ（受動的）で、ボールを奪ったあとにパワーを持って前に出て行けていたのは、やはり前述した堂安律選手と久保建英選手だけでした。日本は東京オリンピックの前に行われたEURO2020のグループリーグで3連敗したトルコ代表と類似した「受け身の戦術」を取っていました。たとえ自陣深くでボールを奪えたとしても、「その先」のプランがチームとしてないのが見て取れました。ただ単にピッチを走り回り、ゴール前を固め、攻撃は個人に託すような戦術は、世界から見ればもはや限界に達しています。

逆に、このような現実を数多くあぶり出してくれた東京オリンピックは非常に有意義なものだったと言えるかもしれません。とはいえ、今後、フル代表を含めた日本がU－24スペイン代表戦のようなヒリヒリする試合を体験できるのは、ワールドカップのアジア最終予選と本大会くらいしかありません。オリンピックもそれに準じる大会ではありますが、ベストメンバーではない参加チームが多いだけに、なんとも言えないところもあります。

また、ヨーロッパで２０１８－19シーズンから代表の通年リーグ、ＵＥＦＡネーションズリーグが始まったことで、ヨーロッパの強豪とマッチメイクすることがより難しくなっています。ヨーロッパの代表チームは同リーグの創設によって時間をかけてチームを作り込むことが可能となり、ＥＵＲＯ２０２０で優勝したイタリア代表を筆頭に、強豪国だけではなく、ウクライナ代表のようなチームも完成度が高かったのはその効果によるものでしょう。今後、ヨーロッパとの差はさらに広がっていく可能性があります。

日本の強化に話を戻すと、現状、東京オリンピックの準決勝スペイン戦のような一戦を求めるのは現実的ではないとしたら、日本のサッカーの限界を脱却するためには、やはりＪリーグ全体を底上げするしか術はないと思います。つまり、Ｊリーグの日常を「日本基準」から「世界基準」に変換していくしか道はないのです。これは急務でしょう。

ただ、本書で「日本のサッカーには可能性がない」と言うつもりは、これっぽっちもありません。むしろ、より良くなるポテンシャルが日本のサッカーにはあると感じています。それは2021年のJ2で2位（第26節終了時点、最終的に同年は2位でJ1に昇格）につけ、同年の天皇杯（3回戦）でもJ1の柏レイソル相手に控え選手中心で勝利した京都サンガF.C.のサッカーを見ればわかります。積極的なプレスでボールへアタックし、ゴールに対して直線的に向かう姿勢は、J1を含めても世界の潮流に最も近いサッカーと断言していいでしょう。京都の曺貴裁監督は同年7月27日に配信された『サッカーマガジンweb』の記事で「夏だからこそ仕掛ける」と発言していました。後ほど説明しますが、これは「エコノミック（経済的）」にプレーするという意味のコメントだと思います。モダンなサッカー理論が背景にあるのが垣間見えます。

京都のように「違う競技」から脱却しようとしているチームが日本にもあることを見過ごしてはいけません。つまり、日本人でも世界、それも現代サッカーを実践できるポテンシャルが備わっているのです。遠藤航選手（当時の所属はドイツ・シュトゥットガルト）がブンデスリーガのデュエル王に輝いたことを考慮しても、日本人のポテンシャルを指導者がチャレンジもしないで経験や想像だけで勝手に制限してしまうことは、未来ある選手にとって不幸でしかありません。むしろ既存の基準や価値観を考え直す謙虚な姿勢が必要でしょう。本書では、日本のサッカーと世界のサッカーは現状何が違い、そして日本のサッカーは何を変えなければいけないのかを、

２００４年の渡独以降、私のサッカー観を形作ってくれたドイツとの違いを、タブーは一切なしで具体的に示していきます。ときには耳が痛くなるような厳しい指摘になるかもしれませんが、それに対する批判（もちろん論理的な）を受けるのは覚悟の上での指摘だと思っていただいてかまいません。

「ボールを中心に考える」ドイツと「人などを中心に考える」日本

本章ではまず入門編として、ドイツのプレーコンセプト「ＢｏＳ（ベーオーエス）理論」（図1）について説明しましょう。この「Das Ballorientierte Spiel（ダス・バルオリエンティールテ・シュピール：ボールにオリエンテーションするプレー）」理論に日本サッカーとドイツサッカーとの決定的な違いを見ることができます。オリエンテーションとは「方向づけ」のことです。この理論は私が長年お世話になったシュトゥットガルト市があるバーデン・ヴュルテンベルク州のヴュルテンベルクサッカー協会（Württembergische Fußballverband）の指導者講習会で使われる資料に、日本語訳をつけ加工したものです。２０１４年から18年までドイツ代表のヘッドコーチを務めた元同僚である元シュトゥットガルト監督のトーマス・シュナイダー氏が言っていたのは、「この理論は決してゼロから新しく生まれた理論ではない」ということでした。マンツーマン、ゾーン、プレスなどさまざまな要素をミックスし、ハイブリッドなコンセプトに仕立て直したのが「ＢｏＳ理論」と言えます。

「ＢｏＳ理論」の根幹をなしているのは、「ボールを中心に考え、サッカーをする」ということです。その観点から日本のサッカーはどうかと言えば、ゾーン、スペース、または人を中心にオリエンテーションしていると見受けられます。もちろん、ドイツのサッカーもスペース、人をまったく無視するわけではありませんが、「ボールがどこにあり、どう動くか」に重点を置いています。これは至極当然で、非常に単純なことです。結局、人がどこにいようが、行こうが、スペースを突こうが、ボールが相手ゴールに入れば得点になり、ボールが自陣ゴールに入らなければよいからです。サッカーはボールが１つ

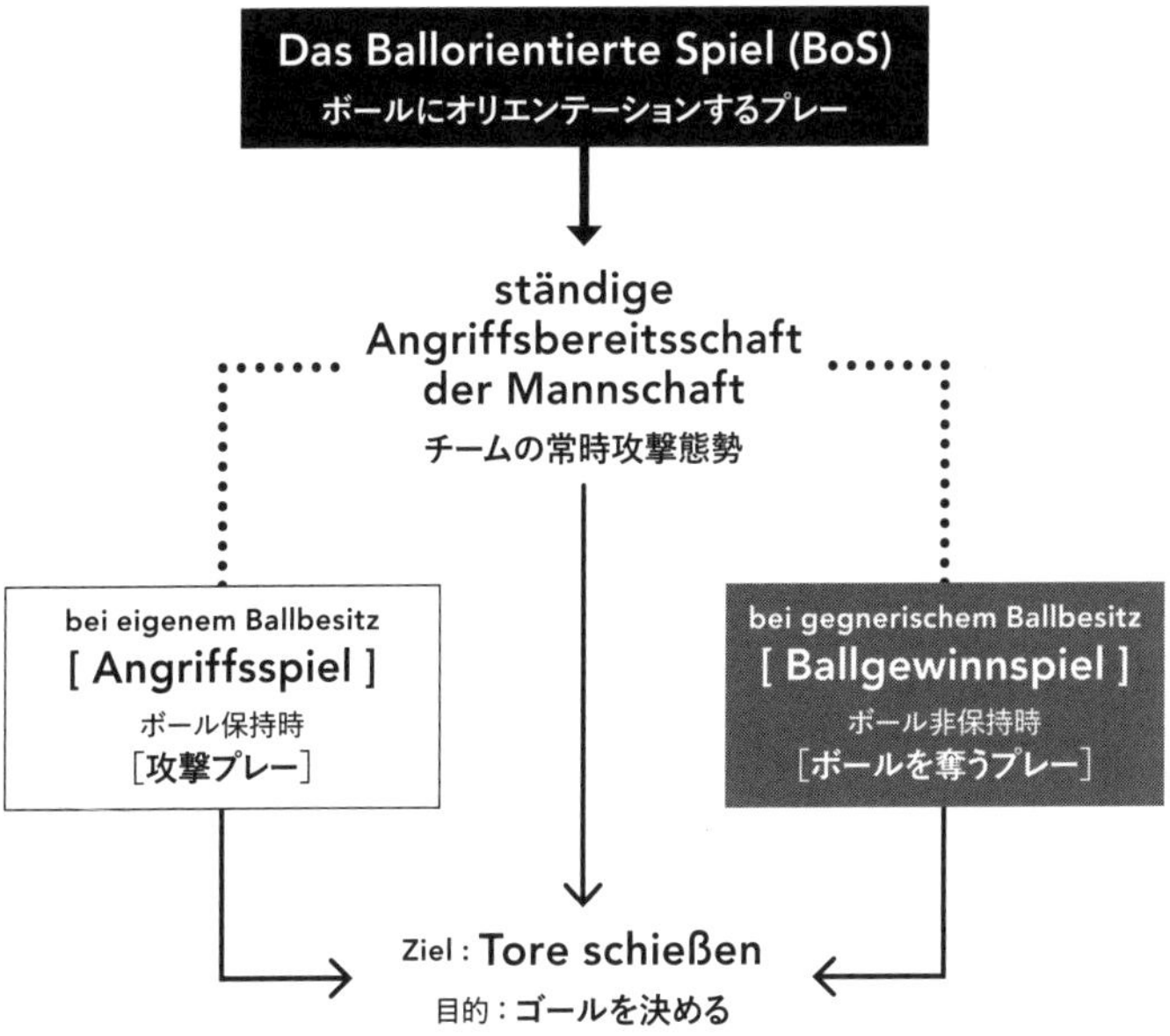

図1：「BoS（ベーオーエス）理論」

あり、より多く点を取ったほうが勝つゲームです。そう考えると、ボールを中心にサッカーをプレーしたほうが、どうしたって理に適っています。

「ＢｏＳ理論」の目的は、「ボールを中心にプレー」して、「ゴールを決めること」にあります。これは、「bei eigenem Ballbesitz（バイ・アイゲネム・バルベジッツ：ボール保持時）」「bei gegnerischem Ballbesitz（バイ・ゲーグナリッシエム・バルベジッツ：ボール非保持時）」どちらの場面においてもです。それぞれの選手は常に攻撃態勢を保ちながら共同でプレーし、最終目的であるゴールを目指します。ちなみに、日本で局面を2つに分けると、「攻撃」と「守備」になります。この違いこそがドイツと日本におけるプレー概念の大きな隔たりを作る非常に重要な根源と言えます。ボール保持時に関しては日本で言う攻撃と考えて問題はありません。

ボール保持時は当然ゴールをするために攻撃します。ではボール非保持時は？　こちらも守備という概念ではなく、「ＢｏＳ理論」の定義上、ボール保持時と同じく攻撃と捉えます。ボール非保持時のプレーを「Ballgewinnspiel（バルゲヴィンシュピール）」と呼びます。直訳すると「ボールを奪うプレー」となります。これは「ＢｏＳ理論」の特徴的な概念と言えるかもしれません。ボール非保持時はボールを奪い、ゴールをするための攻撃、ということです。ボールを持っていなくても攻撃と呼ぶのはそのためです。

相手がボールを保持しているだけであって、こちらは「ボールを奪う攻撃プレーをする」という発想です。ボール保持時には、ＧＫを含めた11人すべての選手が攻撃の組み立て、ゴールチャンスの創出に参加し、ボール非保持時には、11人すべての選手が「Ballgewinnspiel」に参加し、ボールのある場所・コースにオリエンテーションする、11人すべての選手が走り、ボールに寄せ、ボールサイドで数的有利を作り、パスコースを締め、ボールに最も近い選手たちがボールを奪ってゴールチャンスを作るために、ボール保持者にアタックする――。常にボールをゴールに決めることがプレーの中心にあるからこそ、「ＢｏＳ理論」では両局面どちらも攻撃のプレー概念になります。したがって「ständige Angriffsbereitsschaft der Mannschaft（シュテンディゲ・アングリフスベライツシャフト・デア・マンシャフト）」、しっくりくる日本語訳は難しいのですが、「チームの常時攻撃態勢（意識、姿勢）」が要求されるのです。この定義が根底にあるからこそ、常時高いインテンシティ、リベロ的なＧＫ、縦への速い攻撃、ゲーゲンプレス、コンパクトネス、1対1の強さなどが、逆算的にドイツのサッカーには欠かせないものとなります。

もう一つ「ＢｏＳ理論」の特徴的な性質として、ＧＫの役割が挙げられます。これまでドイツでは「Torwart, Torhüter（トアヴァート、トアヒュッター：ゴールの番人）」という言葉があるように、ＧＫは「自陣のゴールを守ることのみに専念するべきもの」と理解されてきました。しかし、11人全員でどちらの局面でもボールにオリエンテーションする新しいプレー概念では、ＧＫはゴールを守るだけではなく、フィールドプレーヤーの要素も求められるようになります。そうしたことから、ヴュルテンベルクサッカー協会では、GKは「Tor（トア：ゴール）」と「Spieler（シュピーラー：プレーヤー）」を合わせた「Torspieler（トアシュピーラー：ゴールプレーヤー）」という呼称となりました。だからこそ、マヌエル・ノイアー選手のようなGKが出現できたと理解していいでしょう。彼のプレーを見れば、「Torspieler」の意味は明確です。

　また、ドイツにおける基本フォーメーションは、例えば「4－4－2」なら「1－4－4－2」と「Torspieler」から表示し、試合は「11人でプレーされる」ことを強調します。もちろん、これはGKに限らないことで、DFは守るだけ、MFはつなぐだけ、FWは攻めるだけでは「BoS理論」を遂行するのはもはや難しく、すべてのポジションでマルチタスクをこなし、11人でサッカーをしなければなりません。

　このようにヴュルテンベルクサッカー協会は新しいプレー概念を共有していくにあたり、従来のプレー概念とは違った新たなポジションの役割を並行して考えます。新しいプレー概念における各ポジションの呼称や、各タスクの用語を一致させることが重要と考え、新しく定義された同一の用語を指導者と選手が使用することを推奨しています。意思疎通の障害、非共通認識の危険性のリスクからも、これは非常に面白い考えです。目標到達のために水をも漏らさぬこの徹底ぶりは、個人的にいかにもドイツらしいと感じる部分です。

日本は「即時奪回」の線上にゴールがない

日本ではインテンシティ、ゲーゲンプレス、切り替え、スプリント、デュエルなど、残念なことに言葉だけが単体で一人歩きしている状況で、ボール中心でゴールが目的というコンセプトがないために、それらの要素はドイツのような線ではなく点にすぎません。日本にはなぜそれらをやらなければいけないのか、の「なぜ」が決定的に欠けています。

例えば、切り替えの言葉一つとってみても、日本とドイツでは違う意味合いとなっています。相手にボールを奪われた場合、日本の切り替えは、いかに速く自陣に戻るかという名目で使われることが多く、逆にドイツの切り替えは、ボールを奪ってゴールをするという考えなので、いかに速くボールを奪うかという名目になります。つまり、日本の切り替えは、まずは失点しないため、スペースに対して、さらに自陣ゴールにオリエンテーションしているのです。これは決定的な違いと言っていいでしょう。

確かにJリーグでも川崎フロンターレを筆頭に「即時奪回」という言葉がようやく出回り始めました。しかし、それが「Ballgewinnspiel」なのかと言われたら違います。私が見る限り、そこにダイナミズムはありません。数人の選手がボールロストしたあとにプレッシャーをかけて奪うシーンはあるにせよ、その多くの場合はＤＦがプレッシャーに慣れていないため、数人でも奪えているだけです。加えて、ボールは奪えたとしても、その線上に「11人でゴールを奪うプレー方針」が見えません（図2）。即時奪回はあくまで奪回で、ゴールをも奪うというコンセプトではないのです。奪ってからポゼッションし、相手ゴールが近いのにゴールから離れるようなプレーが多く見られます。

ではなぜ、ドイツは自陣に戻ることなく、敵陣でボールを奪いに行くのでしょうか。それは単純明快で、敵陣でボールを奪ったほうが相手ゴールに近いからです。何度でも言いますが、ドイツはボールをゴールに入れることがプレーの中心に据えられています。２０１９－20シーズンのＵＥＦＡチャンピオンズリーグを制したバイエルン・ミュンヘンはその迫力から、一見、すべての項目においてインテンシティが高そうに思われがちですが、実のところ走行距離はそこまで長くありませんでした。これはなぜかというと、バイエルンは多くの時間で、敵陣でサッカーをしていたからです。11対11をハーフコートで行うのと、オールコートで行うのとでは当然、走行距離が変わってきます。ただ、オールコートでもインテンシティを発揮できるのが現代のサッカーであることも付け加えておきます。

考えれば、スペースを埋める切り替えで受けに立ってしまうと、当たり前ですがボールは自陣に運ばれます。さらに相手ゴールの距離が遠くなり、たとえ自陣でボールを奪ったとしても、

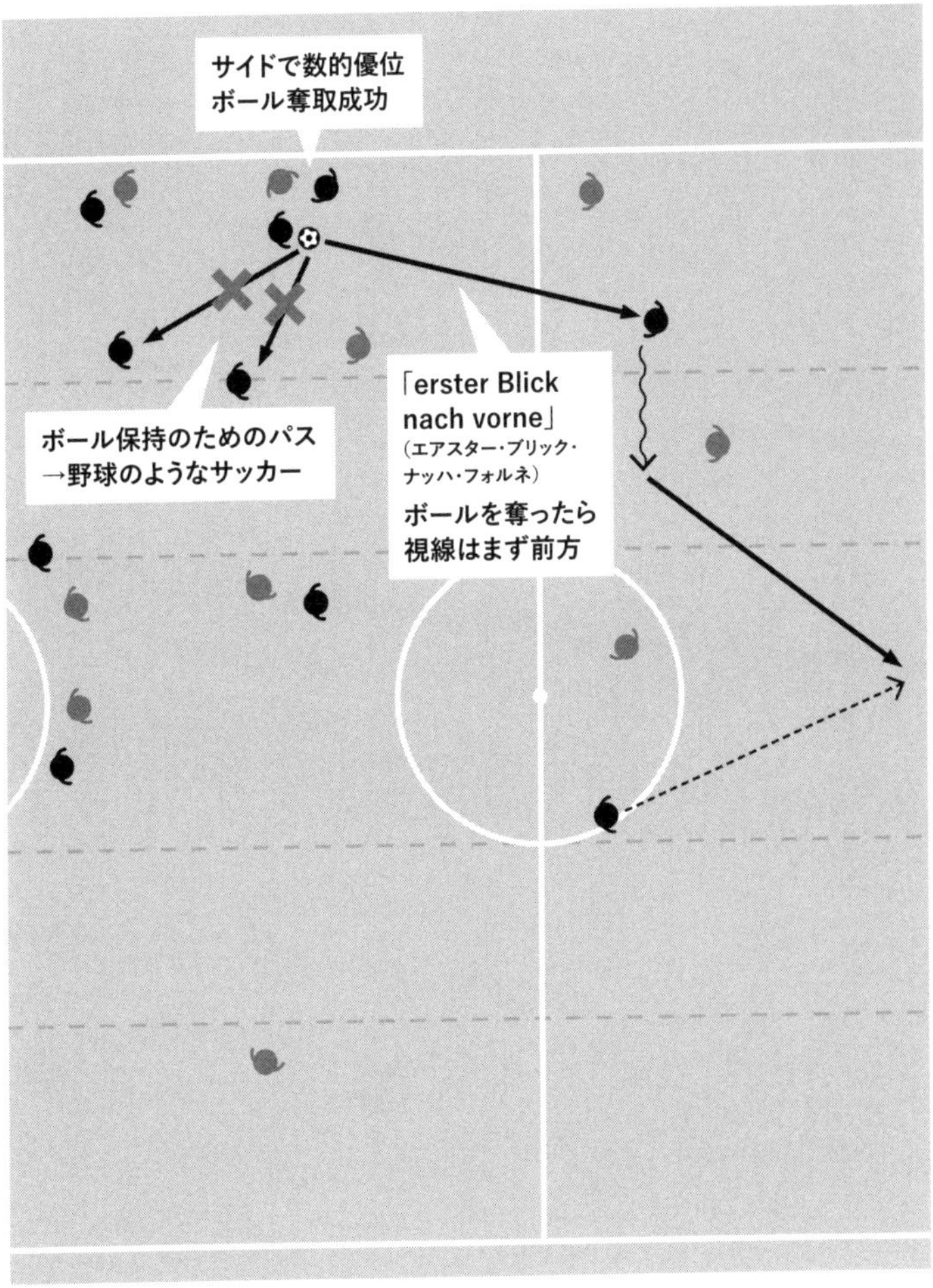
サイドで数的優位
ボール奪取成功
ボール保持のためのパス
→野球のようなサッカー
「erster Blick nach vorne」
(エアスター・ブリック・ナッハ・フォルネ)
ボールを奪ったら
視線はまず前方

図2：「即時奪回・即ゴール」

再び敵陣にボールを押し戻す作業をしなければいけません。ここで改めて京都サンガF.C.の曺貴裁監督のところで触れた「エコノミック」という言葉が出てきます。そのようなサッカーを果たしてエコノミックと言えるでしょうか? ボールにではなく自陣のスペースにスプリントするエネルギーは、はっきり言えば無駄です。それなら、敵陣でボールを失ったあと、それぞれの選手が10メートル程ダッシュしてボールを奪いに行くほうが断然エコノミックだと思うのは私だけでしょうか。

『サッカーマガジンweb』(2021年7月27日)が配信した京都の右SB飯田貴敬選手(現在は大宮アルディージャに所属)のコメントも大いに参考になります。京都のSBについて問われると、「サイドバックとしてかなり高いポジションを取りますね。知らない人が見ると危ないんじゃないかと思うかもしれませんが、サンガのスタイルからはそこに行かないほうが危ないんです」と、エコノミックなサッカーを匂わせる発言をしていました。同時に「危ない」という表現もしています。これは全体がボールに対して寄せているので、ボール近い選手たちがボール保持者にアタックしないと局面をひっくり返されてしまう「Ballgewinnspiel」の基本原則でもあります。

これは逆に言えば、ボールにアタックすれば逆サイドのスペース、DFラインの背後には基本的にボールは来ない、ということです。さらに、飯田選手は「カウンターを受けてもオギと自分のスピードだったら戻れるよね、というベースの下でやっているので怖さはありませんとも言っています。この感覚は「Ballgewinnspiel」にとって非常に重要なものです。「裏を取られたら一発アウト」の考えが浸透する日本において、もしかしたら、これは理解不能な発想かもしれません。この発言に出てくるオギこと左ＳＢ荻原拓也選手（現在は浦和レッズに所属）の対アルビレックス新潟戦（２０２１年Ｊ２第23節）のゴールは、まさに現代サッカーに相応しいＳＢのポジション取りからのゴールでした。

攻撃と守備が分かれている「野球のようなサッカー」

「ＢｏＳ理論」に戻りましょう。ドイツがとにかくボールを中心としたサッカーを構築していることは伝わったかと思います。ではおさらいです。改めて**図1**を見ていただき、先ほど説明した「bei eigenem Ballbesitz（ボール保持時）」と「bei gegnerischem Ballbesitz（ボール非保持時）」の間に書いてあるのが、「ständige Angriffsbereitsschaft der Mannschaft（チームの常時攻撃態勢：意識、姿勢）」です。ドイツはボール保持時、ボール非保持時の両局面において、どちらも攻撃という発想、11人が「常時攻撃態勢」なのです。だからこそ、ボール保持時でもボール非保持時でも「Ziel（ツィール：目的）」はゴールを決めることになります。言い換えれば、ゴールを決めるためにボールにオリエンテーションするのです。

翻って局面が攻撃と守備にはっきりと分かれている現状における日本のサッカーを、どのように捉えたらよいでしょうか。前述した切り替えの話からも、日本のオリエンテーションはゴールを決めることよりもゴールされないこと、自分たちのゴールを守ることに向いています。「受け身のサッカー」と言い換えてもいいでしょう。改めて日本のサッカーの現状を**図3**にまとめました。攻撃と守備が分かれているサッカー――は「野球のようなサッカー」に映ります。

野球のようなサッカー――野球は読者のみなさんもご存知のとおり、表の回と裏の回があって、ルール上、攻撃をする回と守備をする回に分かれています。一方が攻撃をするときは一方

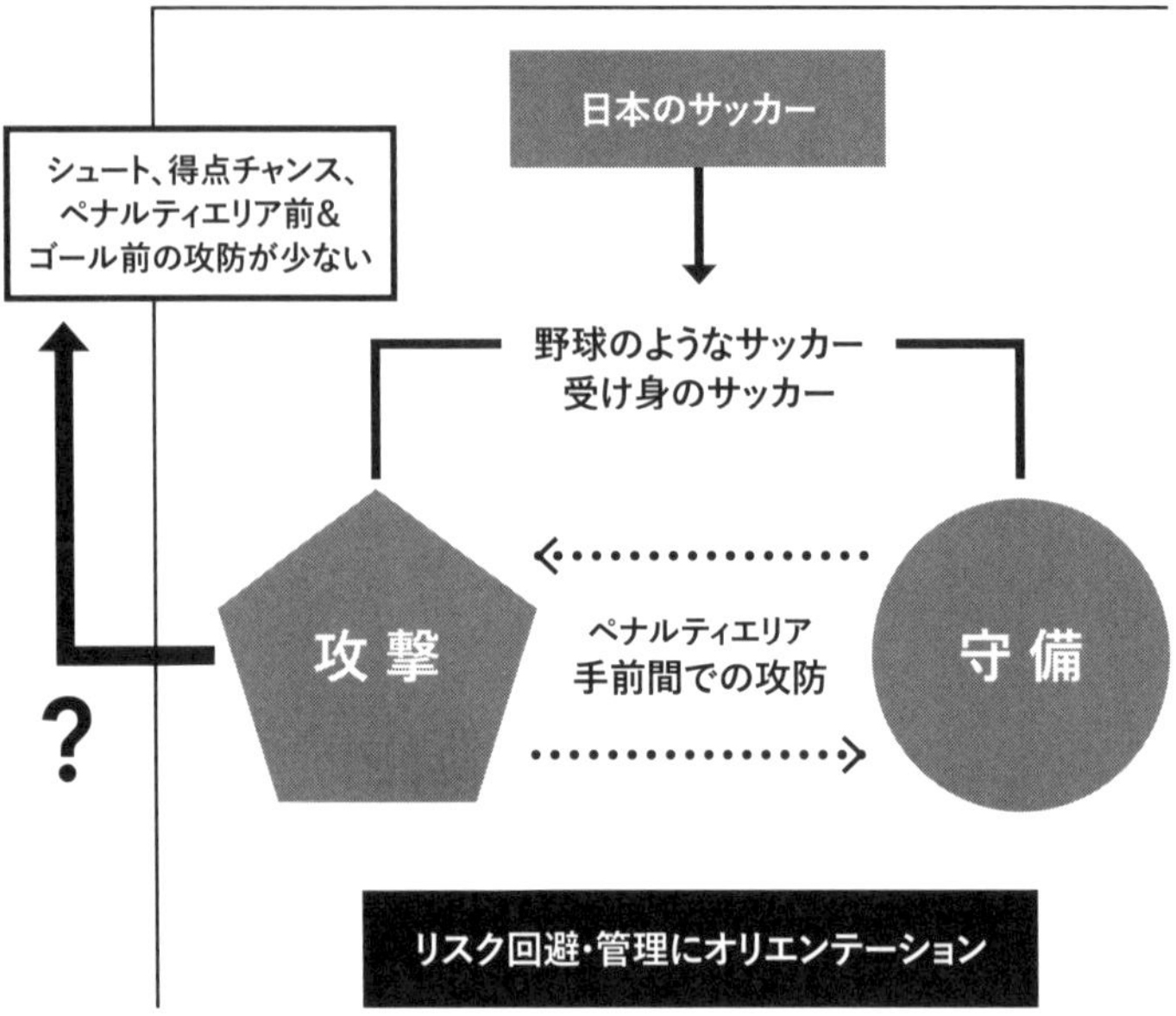

図3：日本のサッカー

が守備をする、一方が守備をするときは一方が攻撃をする、そして、攻撃は守備につかないと始まりません。まさに日本のサッカーのようではないでしょうか。それで言うならば、日本における切り替えの速さは、高校球児が回の交代時にグラウンド、もしくはベンチに猛ダッシュしているようなものです。

ボール非保持↓ボール奪取↓シュートとなる11人による常時攻撃態勢のドイツとは違い、日本は一旦守備をしてから「よいしょ」と攻撃に移り、そこからようやくシュートという流れに見えて仕方がありません。攻撃は攻撃、守備は守備と分かれているので、必然的にゴール前の攻防が少なくなり、お互いのペナルティエリア手前の間を行き来するだけの攻防が増えてしまうわけです。ドイツが常にゴールを決めることに対してオリエンテーションしているとすれば、日本は常にリスク回避・管理にオリエンテーションしていると言えるのではないでしょうか。

最後に、改めて田中碧選手が東京オリンピックの3位決定戦後に言及していたコメントをもとに、本章のまとめに入ります。まずは、「各々の意識によって個人は強くなった」。個人がレベルアップする必要性は、2008年の北京オリンピック世代がメディアに言い続けてきたことでした。彼らは個のレベルアップを求めて海外に出て、それが波及していき国内でも意識が高まったことで、以前より個のレベルは上がりました。

しかし、これまでの日本は「個人の能力では勝てない」という前提での組織論に終始する術しか持っていないので、皮肉なことにそのポテンシャルを最大限に引き出せないのです。指導者が個人のポテンシャルを見定め切れないことにより、受けて立つサッカーがベースになる悪循環に陥っているような印象を受けます。これは由々しき問題でしょう。

次に、「2対2、3対3になったときに相手はパワーアップする」。サッカーはチーム性が求められるスポーツであり、一人で目的を達成することは困難です。1対1の先にあるものが重要であり、そこが一人の打者がホームランを打てば1点が入る野球とは違う点です。ゴールを奪うために11人が同じ絵を描くことができれば、グループでの攻撃が効果的になるわけで、チーム性、目的を理解したサッカーをすることが必要となります。

そして、「（世界と）圧倒的な差があるのをすごく感じた」。その圧倒的な差を縮めるために、私は「ＢｏＳ理論」が一つの有効な方法であると確信しています。だからこそ、「レベルアップした11人全員が参加するサッカー」を実現するためのアイデアを、本書を通じて提言していきます。次章では、その11人でボールを奪いゴールする、「Ballgweinnspiel」への道筋を公開します。

"Das Balloritentierte Spiel" Theorie

2

「Ballgewinnspiel:
ボールを奪うプレー」

日本のサッカーには「BoS(ベーオーエス)理論」の
「Ballgewinnspiel:ボールを奪うプレー」が特に足りていない。
「Ballgewinnspiel」を実現するために必要な基礎
「Kommando」=コーチングから、「Ballgewinnspiel」の原則を知る。

日本に足りない「Ballgewinnspiel」を実現するための「Kommando」

２０２１年秋にドイツから一時帰国した私は、日本代表、Ｊリーグに加えて、ジュニア年代からユース年代、大学まで、多岐にわたるカテゴリーの試合を現地で観戦しました。そこで気になった点が２つあります。一つ目は「Ballgewinnspiel（バルゲヴィンシュピール：ボールを奪うプレー）」、日本で言う守備の部分です。日本における「Ballgewinnspiel」に関しては、おそらくドイツ人の誰もが違和感を持つと思います。実際、これまでドイツのサッカー関係者を複数回アテンドした経験がありますが、日本の試合を一緒に観戦したときに彼らの多くは、「ボールを奪う意図が見えない」「奪いどころがわからない」「パッシブ（受動的）すぎる」など不思議に感じていました。一方で日本の攻撃に関しては「コンビネーションが素晴らしい」と褒めるのに対し、「でも守備は……」と、どの関係者も言っていたのを思いだします。

二つ目はＧＫのレベルです。端的に言わせてもらえば、日本のＧＫに目に見える進歩は今のところありません。「ＢｏＳ（ベーオーエス）理論」ではＧＫが非常に重要な役割であると前章で述べました。その観点から裏にボールが出たときの判断や処理、さらにカウンターを受けたときの落ち着き、守備は後れを取っています。他に「Fußabwehr（フスアプヴェア）」、いわゆる足でのシュートストップ、ブロックのテクニックなども……。スヴェン・ウルライヒ選手（ドイツ：バイエルン・ミュンヘン）、ベルント・レノ選手（イングランド：フラム）、オディッセアス・ヴラホディモス選手（イングランド：ノッティンガム・フォレスト）などを育てたシュトゥットガルトのベテラン育成ＧＫコーチ、ヴァルター・エシェンベッヒャー氏も来日前は日本のＧＫ、ひいてはアジア全体のＧＫに対して懐疑的な意見を持っていました。

ただ、２０１７年に彼が来日し、あるＪクラブの育成組織を指導した際、「その考えは変わった。ドイツに持って帰る価値があるＧＫがいる」と言っていたことからも、一概に能力がないというわけではありません。日本のＧＫコーチも勉強熱心な方が多い印象があります。ただ、それでも進歩を感じられないのは、やはりＧＫを指導するメソッド自体に問題があるのかもしれません。エシェンベッヒャー氏はあるトップチームのＧＫトレーニングを見て「３番手」と予想した選手がＪリーグにスタメンで出場していたのを驚いていました。「トレーニングと試合はまた違うから」と試合を観たのですが……評価の部分も違うのでしょう。ＧＫだけではなく日本人選手は、トレーニングでは良くても試合になると評価が落ちることが多々あります。トレーニングのためのトレーニングという名残がまだあるのではないでしょうか。

では、日本に足りない「Ballgewinnspiel」とはどういうことでしょうか。前章では「ボールを中心に考え、サッカーをする」ドイツのプレーコンセプト「ＢｏＳ理論」の骨格について説明しました。ドイツはボール保持時、ボール非保持時にかかわらず、「常時攻撃態勢」であることが、すでに頭に焼きついたことでしょう。本章では前章の最後に記したように、「Ballgewinnspiel」の原則を解説していきます。

「Ballgewinnspiel」を実現するために必要なのが「Kommando（コマンド）」です。コマンドを直訳すれば「指令、命令」となりますが、日本に置き換えれば「コーチング」と言っていいでしょう。「ＢｏＳ理論」には「Ballgewinnspiel」の際、選手各々がコーチングによって助け合うことが絶対的に必要だと明記されています。ちなみにコマンドは「特別奇襲隊」という意味も持つだけに、コマンドの説明には軍隊用語がちらほら混ざっています。「Ballgewinnspiel」をするためには一人ひとりが好き勝手なことをやってはいけない、つまり11人全員が規律を持たなければいけないことが大前提だけに、軍隊の規律を背景としたメタファーなのかもしれません。

なぜ、「Ballgewinnspiel」にコマンド＝コーチングが絶対的に必要なのかと言えば、「Ballgewinnspiel」は、選手11人全員がボールにオリエンテーション（方向づけ）し、ボール方向に走り、チームの陣形を整え、それをコンパクトにしてプレーすることが前提条件にあるからです。もし、チームの陣形が整っておらず、コンパクトさが失われている場合、選手は帰陣しながら陣形を整え直し、コンパクトさを構築しなければいけません。チーム全体として相手のボール保持者に対して「攻撃」するためには、お互いが助け合うコマンド＝コーチングが必要不可欠ということです。

話は逸れますが、この陣形を整え直す頻度が少なく見えたサッカーをしていたチームがありました。ラルフ・ラングニック監督時代のRBライプツィヒです。ライプツィヒは「1－4－2－2－2」の陣形を組み、中央に重きを置くサッカーをしていました。つまり、ペナルティエリア幅でサッカーをしていた印象があります。攻撃はゴールに最も直線的な中央からと、プレーエリアを限定することで、すなわちボールを失う場所も中央となるので、チーム全体が効果的にゲーゲンプレスに移行できる利点がありました。ただ、想像してください。ペナルティエリア幅で11対11をしたならば……ここではスピード、判断の早さ、テクニックの高さなどが求められます。

もう一つ、中央から攻撃するため、相手も中央に集まります。機を見てポッカリ空いたサイドのスペースにボールが展開されるとビッグチャンスになります。今思えば、当時のライプツィヒはサッカーというスポーツの原理をシンプルに追求したサッカーをしていました。また、このコンセプトに即した選手をピンポイントで獲得してきた背景も忘れてはいけません。例外を除くと若い選手に限定したのは、このコンセプトから十分理解できます。コンセプトにぴったり合う選手のスカウティングの徹底性は新興クラブだからできたと考えます。ホッフェンハイムにしてもチーム強化が非常に効率的かつ合理的です。伝統あるクラブだとさまざまなしがらみがあり、特に選手獲得には……話が逸れました。

ドイツではボールに対してスライドしコンパクトにする

では、ここからはコマンドのそれぞれの単語を説明していきましょう。基礎的なチーム全体のコマンドから、具体的かつポジションにおけるコマンドの順になっています。まずは基礎的なコマンドから紹介していきます。中には日本のコーチングで使う言葉と同じ意味合いのコマンドもありますが、「ＢｏＳ理論」で括った場合、解釈が異なってくるコマンドもある可能性があります。そのあたりの違いを見いだすと面白いかもしれません。

基礎的なコマンドの最初に明記されているのが「Ordnung（オールドヌング）」です。これは日常的にも使用する言葉で、「整理、秩序」という意味になります。「Ordner（オールドナー）」は「事務用品のフォルダ」となるので、整理整頓、つまり、「陣形を整えろ!!　陣形の秩序を保て!!」というコマンドです。ピッチ上のラインをＦＷ、ＭＦ、ＤＦ、ＧＫの４つに分け、相手のボール保持者に対して、その４ラインの基本陣形をまずは整えることが重要となります。この４ラインをオーガナイズすることこそが、「Ballgewinnspiel」に必要な態勢だということです。資料のいの一番に「Ordnung」が載っていることからも、基本陣形を保つ重要性が大いに窺えます。

次に書かれているのが「Kompakt（コンパクト）」。これは日本で言う「コンパクトに!!」で、コマンドの意図もそこまで変わりません。横にいる選手とタイトな距離感を保ち、4つのライン間、特に3つのライン間（FW、MF、DF）を短くします。なぜコンパクトにしなければいけないのかと言えば、横幅をタイト、縦幅を短くすることによって、必然的に相手がプレーをするスペースを奪うことにつながるからです。プレースペースが狭くなれば狭くなるほど、その プレーに制限がかかるのは言うまでもありません。ボールに対してコンパクトにすることで相手のプレースペースを奪い、イニシアチブを取ってボールを奪いに行き、奪った場所では数的優位となるので、ゴールチャンスが創出できます。一方、日本のコンパクトはスペースを消す、つまり相手に対して中央を固めて自陣ゴールへの最短距離を消す守備的な意味合いが強いのではないかと思います。もちろん、この「守備的コンパクト」も場合によっては必要ですが、日本にはゴールをするための「攻撃的コンパクト」の発想が乏しいように感じます。

この次の項目には同じ意味合いの3つのコマンドが記されています。「Schieben（シーベン）」「Rüber（リューバー）」は「スライドしろ!!」であり、「zum Ball laufen（ツム・バル・ラウフェン）」は「ボールに向かって走れ!!」となります。ドイツと日本でも使用されるスライドは捉え方が若干、異なります。ドイツのスライドは「zum Ball laufen」と具体的にあるようにボールにオリエンテーションして数的優位を作り出すのに対し、日本のスライドはスペースに対してオリエンテーションしているように感じます。ボールに寄っていくのと、ただ左から右、右から左にズレていくのとでは決定的に違います。この点からも日本がボールを中心にプレーしていない証左であるかもしれません。

この次のコマンドも同じ意味合いを持つ5つの言葉が同項目に羅列されています。「Angreifen（アングライフェン）」「Greif an（グライフ・アン）」「Geh drauf（ゲー・ダラウフ）」は総じて「アタックしろ!!」、「Druck（ドゥルック）」は「プレッシャーをかけろ!!」、「Hol den Ball（ホール・デン・バル）」は「ボールを奪え!!」という意味です。同コマンドは相手からボールを奪いたいのならば、ただ行くだけではなく、相手のボール保持者をプレースペース、プレー時間のない状況に追い込め、といったニュアンスが含まれますが、「Hol den Ball」が理想でしょう。「なぜ、プレッシャーをかけるのか?」という問いは意外と難しいかもしれません。ドイツと日本のプレッシャーの違い、球際の違いからも、志向するサッカーによって定義の違いが出てくるのではないでしょうか。また、どこでボールを奪いに行くか、番号で伝えるコマンド例も記載されています。「1」で敵陣でのフォアチェック、「2」で中盤でのプレス、「3」で自陣でのアタックといった具合です。

次のコマンドはいかにも狩猟民族のドイツらしい単語で、そしてよく使います。「Jagen（ヤーゲン）」は動詞で「狩る」、つまり「（ボールを）追え!!」という意味です。相手のパス、もしくはドリブルを追いかけることでプレッシャーをかけ、ボール保持者にプレースペースとプレー時間を与えない厳しい状況を作り出します。「Jagen」と言われたら、ボールを奪うまで頑張り続け、最低でも相手がボールロストするまで追い込み続けます。動物の狩りも思えば一発で獲物を仕留められるわけではなく、ターゲットにフェイントされても追い続けます。

「Jagen」は元シュトゥットガルトのブルーノ・ラッバディア監督もよく使っていました。言葉の定義上、「Ballgewinnspiel」と言いいつ、行為は基本的には守備となります。「Ballgewinnspiel」をよりポジティブなものとするために、試合前の控え室で「Freude（フロイデ：喜び）」を持って『Jagen』しよう」とよく言っていました。これは「Jagen」を嫌がるなという意味と同時に試合の入り方ではまず「Ballgewinnspiel」からすべてが始まるという意味も含まれています。また、開始から全力で行く姿勢がなければ相手の勢いに飲まれてしまうことが多々あるため、名FWだったラッバディア監督にはその重要性が痛いほどわかっていたのでしょう。

基礎的なコマンドの最後に記されているのは「Fallen（ファレン）」です。これは「降下しろ!!」といった意味で、日本で言えば「戻れ!!　帰陣しろ!!」または「リトリートしろ!!」と言ってもいいかもしれません。プレスがハマらなかったとき、ボールに視線を送りながら後方に走り、ボールにオリエンテーションしながらスライドし、かつ陣形を整えつつ、コンパクトさを構築します。必要に応じて陣形の秩序とコンパクトさを構成し、強固になった中央で構えてからリトリートします。

目配せするドイツに対して視野に入れすぎてしまう日本

ここまで「Ballgewinnspiel」の基礎的なコマンドを説明してきましたが、順に「陣形を整えろ!!」「コンパクトに!!」「スライドしろ!!」「アタックしろ!!」「(ボールを)追え!!」「戻れ!!」とコマンド自体もシンプルそのもので、さらに「なぜ?」「どのように?」の部分も非常にクリアなものになっています。では、次は狭義的なコマンドに入っていきましょう。

まず「Angebot(アンゲボート)」です。スーパーマーケットの「広告品」という使われ方もするように、サッカーで言う「狙いどころ」と同義になります。すなわちボールを奪いたいところ(相手のウィークポイント)を事前に決めておいて、「売り出し中の選手」を意図的にフリーにし、または特定のスペースをわざと空けて、狙い撃ちしていくのです(**図1**)。

次は「Steuern(シュトイアン)」「Auslösen(アウスルゥーゼン)」です。どちらも同じ意味なので同項目に入れられていて、「Steuern」は「(ボール保持者を)コントロールしろ!!」、「Auslösen」

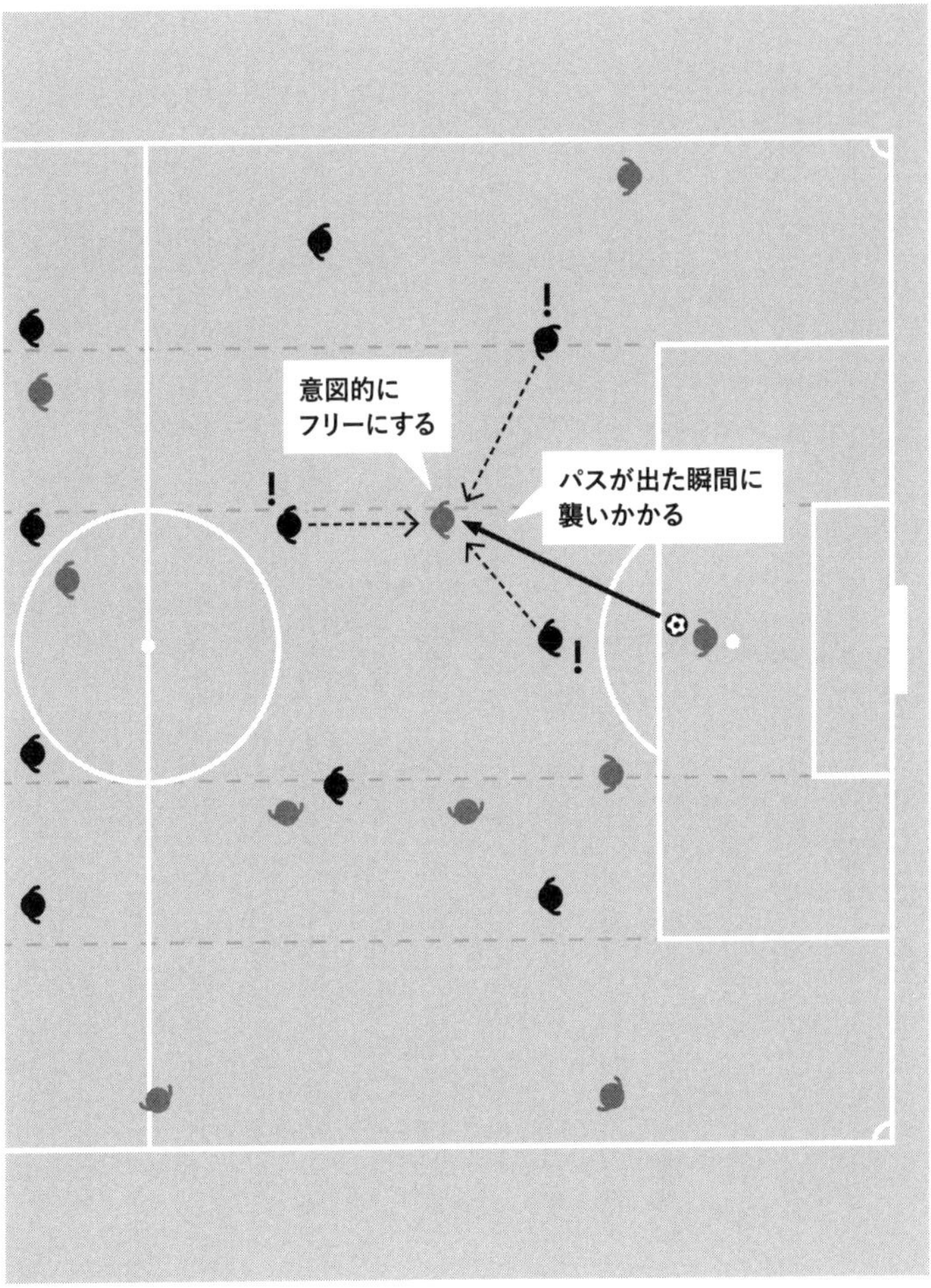

図1：「Angebot：狙いどころ」

は「（ボール保持者を）誘導しろ!!」となります。イニシアチブを取ってボールを奪うということです。このコマンドの順序としては、ボール保持者に一番近い選手が「Ballgewinnspiel」へと誘います。その選手はボール保持者のパスコースを遮断しながら、例えば弧を描くようにアタックします。ボール保持者はボールをキープせざるを得ない状況に、もしくは誘導させられた方向にパスをすることになります。そのパスの先には、こちら側のハメるタイミングがあり、続いて数的優位の状況に持っていく準備があります。後述しますが、「Ballgewinnspiel」においてボールに最も近い選手、すなわちファーストDF役は肝です。チーム全員がボールに対して寄せてきているのに、ここが機能しなければ、ひっくり返される状況に陥るからです。

次の同項目に入っている4つのコマンド「Geh dazu（ゲー・ダツー）」「Hilf ihm（ヒルフ・イム）」は「そこに行け!! 彼をヘルプしろ!!」であり、「Greif rechts（グライフ・レヒツ）／links an（リンクス・アン）」「Mach rechts（マッハ・レヒツ）／links zu（リンクス・ツー）」は「右（左）をアタックしろ!!」「右（左）を切れ!!」です。「Geh dazu」「Hilf ihm」で自身の近くにいる味方の選手をコーチングし、状況を有利にし、できるだけ数的優位をボールサイドで作り、「Greif rechts／links an」「Mach rechts／links zu」で、相手のパスコースに入り込み、パスとドリブルの出所をすべて消します。これは日本でもコーチングされますが、現象の違いとして、ドイツにはボール際へのヘルプ、パスコースを消すための距離感、つまり局面でのボールに対するコンパクトさがあります。

次の「Auge（アウゲ）」は「目」です。つまり、「（相手を）視野に入れろ!!」というコマンドで、例えば、相手のボール保持者から遠くにいる味方の選手はフリーになっている相手の選手を目配せだけはしておいてほしいといったニュアンスでも使います。相手にサイドチェンジされる場合も考えながら、ボールサイドに絞ってきてほしいということです。日本だと例えば、左サイドから攻撃されている状況で、右ＳＢがボールと逆サイドの相手選手をしっかりと捕まえているケースがよく見られます。視野に入れすぎてしまい、相手に引っ張られてライン間にボールを簡単に通されてしまうのです。これは「ＢｏＳ理論」において味方の選手を助けていないことと同意です。

次の３つのコマンドも同項目で「Haltet aus（ハルテット・アウス）」は「しのげ!!」、「Warten（ヴァルテン）」は「待て!!」、「Noch nicht（ノッホ・ニヒト）」は「まだだ!!」、「Geduld（ゲドゥルト）」は「耐えろ!!」であり、「先走るな!!」といったコマンドとなります。「Warten」「Noch nicht」はＤＦがＦＷに対してプレスのタイミングで使うこともあります。しかし、ここでは「ディレイ」という意味合いが強いでしょう。相手が勢いを持ってカウンターを仕掛けてきたとき、こちらは数的不利、または同数でさらにコンパクトではない状況の場合、ボールにアタックするのではなくリトリートしなければいけません。また、この帰陣中に状況把握と忍耐を失ってはならず、一人で慌ててアタックするのを早めてはいけないことも明記されています。なぜなら、一人が早まることで綻びができ、そこから打開、または味方の選手が対応できないパスコースを使われて打開されてしまうからです。先走って組織を崩してしまっては元も子もありません。

そして、「Raus（ラウス）」は「アップしろ!!」です。例えば、相手のCKをクリアするようなロングボールを自陣後方から蹴った場合、フィールドプレーヤーはそのボール方向目がけてペナルティエリア外に走り出します。ボールの落下点に向け走り、ボールに最も近い味方の選手はマイボールにするよう試みます。相手のボールになった場合、ボールに近い味方の選手たちはすぐさまボール保持者にアタックし、ボールを奪えるように試みます。そして、その際はGKもフィールドプレーヤーと同じようにボールに対してオリエンテーションをします。最後尾のGKもペナルティエリアの外に出て最終ラインをカバーリングしなければいけません。

ボール奪取が成功せずに、相手がボールをコントロールし、ボールを後ろまで下げられた場合は「Stellen（シュテレン）」というコマンドになります。「セットしろ!!」という意味の「Stellen」は前方への走り、ボールへのアプローチを中断し、陣形を再び整えようとすることです。ボールが相手のコントロール下に収まってしまえば、もう追いかけても仕方がないので、一旦ストップとなります。

最後は「Höhe Halten（ヒューエ・ハルテン）」です。「（DFラインの）高さを平行に揃えろ!!」という意味であり、ボールから遠い場合のDFラインの選手たちはボールに近い選手たちをラインを揃えながらプッシュアップします。高さを揃えることはオフサイドのルールがある以上、非常に重要な一つの助けとなります。現在はVAR（ビデオ・アシスタント・レフェリー）の存在も手伝ってハイラインが主流ですが、凸凹のラインではその効果はありません。ただし、「Ballgewinnspiel」はオフサイドを取ることを第一にDFラインを高く揃えているわけではなく、ボールにオリエンテーションすることで必然的にDFラインが高くなっているのです。

ファーストDFの「アタック」は「お手洗いディフェンス」にあらず

この流れで「Ballgewinnspiel」とオフサイドの関係性を見てみましょう。オフサイドのルールは「Ballgewinnspiel」にとって必要不可欠な条件とはっきり書かれています。オフサイドのルールがなければ、コンパクトな陣形を作ること、全員でボールを奪いに行くこと、ラインを揃えること、このすべてができなくなるからです。ただ、「Ballgewinnspiel」は意図的にオフサイドをかけるわけではありません。もし、相手がオフサイドになった場合は、それはただの結果にすぎず、「Ballgewinnspiel」という攻撃による副産物でしかないのです。

では、「Ballgewinnspiel」という攻撃を段階的に見てみましょう。「Ballgewinnspiel」は基本的に①ボール、②味方選手、③相手選手の3つのキーワードがあり、その3つを同時にオリエンテーションし、ハンドリングすることで、走る道筋が決まります。

まず、①のボールです。それぞれの選手はボールがある場所、ボールにオリエンテーションし、ボールに関わっていきます。ボールに近い選手と遠い選手がいるので、ボールにより近い、または最も近い選手、または選手たちが相手ボール保持者にアタックします。アタックを先導するかしないかにおいて、最も重要な選手になります。

次に②の味方選手です。それぞれの選手は味方選手に、前方、または隣にいる味方選手と理想的な距離を保つことに注意しつつ、オリエンテーションし、相手ボール保持者にアタックするのか、アタックせずに引き下がるのかコーチングをします。この際、ボールと味方選手とのオリエンテーションは同時に実行しなければいけません。

最後に③の相手選手です。ボールから遠い選手は味方選手と相手選手に対してオリエンテーションします。このオリエンテーションはボールサイドのプレー状況に依存します。ボールに近い味方選手がアタックし、相手ボール保持者がプレーできない状況であれば、ボールから遠い選手はそのアタックをサポートし、味方選手へのオリエンテーションを相手選手より強めます。ボールに近い味方選手がアタックせず、相手ボール保持者がプレーできる場合は、ボールから遠い選手は今度は相手選手に注意を払い、コマンドであった「Auge」で視野に入れます。

それでは最後に「Ballgewinnspiel」の原則を簡潔に**図2**に示します。基本陣形は［1－4－4－2］を例に左から相手ボール保持者が敵陣にいる場合、相手ボール保持者が中盤にいる場合、相手ボール保持者が自陣にいる場合となります。そして、この基本陣形から「Ballgewinnspiel」を実行していく序列も明記されていて、コンパクトにする↓ボールに寄る↓数的優位を作る↓ボールに近い選手：ボール保持者にアタックしてボールを奪う↓ボールから遠い選手：パス＆レシーブをカット、または阻害する、さらに、パスコースに入り込む、パスコースを閉める、トラップ際を狙うと続きます。

ここまで読み進めてきた読者のみなさんは以下のような疑問が湧くかもしれません。「理論はわかった。でも、裏を取られたらどうするの？」と。もしかしたら、それはボールに対して口火を切る選手、ファーストDFのアタックをチャレンジと誤解しているからかもしれません。ここで言うアタックは文字どおり「止まらずに行く」ことを指します。日本のいわゆる「お手洗いディフェンス」（ボール際に行く前に止まってしまうディフェンス）を想像してもらっては困ります。ボールに止まらずにアタックすれば相手のプレーは限定され、そもそも裏に蹴り込むことはできなくなります。

岡崎慎司選手がシュトゥットガルトに加入した直後に行われた相手のビルドアップからの「Ballgewinnspiel」のトレーニングでの出来事を思いだします。岡崎選手は［1－4－2－3

「Ballgewinnspiel」の原則

Wo?
（どこで？）

1 敵陣
2 中盤
3 自陣

例:[1-4-4-2]の場合

1 敵陣　　2 中盤　　3 自陣

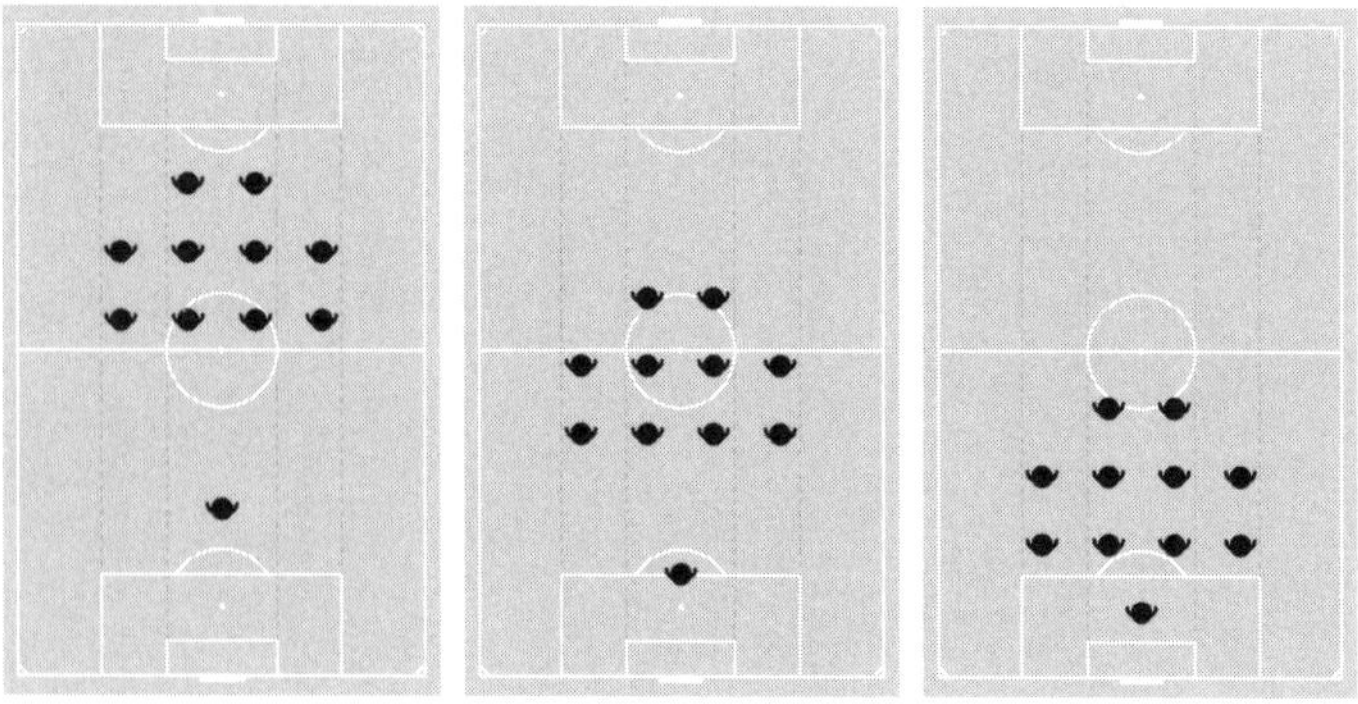

Wie?
（どうやって？）

- **コンパクトにする**
- **ボールに寄る**
- **数的優位を作る**
- ボールに近い選手:
  ボール保持者にアタックしてボールを奪う
- ボールから遠い選手：
  パス&レシーブをカット、または阻害する
  - ・パスコースに入り込む
  - ・パスコースを閉める
  - ・トラップ際を狙う

図2：「Ballgewinnspiel」の原則

－1」の左ＳＨでスタートしました。味方選手に「Steuern」と言われ、岡崎選手はかわされること、抜かれること、また周りを気にしながら、そろりとアプローチをすると、監督から「止まらずにアグレッシブにアタックしろ」と声が飛びました。そして私に対し「タカ（著者）、抜かれてもいいんだ。ボールに寄ってきている選手が次で奪えばいいんだ。チーム全体がボールに寄ってきているから、シンジがアタックしなければ一発で逆サイドを突かれる」と言われたとき、私自身ブンデスリーガという実地で「Ballgewinnspiel」を深く理解したことを覚えています。そして、今では岡崎選手ほどこのファーストＤＦの役割をこなせる選手はそうはいないと思います。

ドイツの日常生活で例えば電車に乗っているとき、ドイツ人が座席が空いているのに真隣に座ってくることがあります。日本人であれば「他の席が空いているのに……。嫌だな」とプレッシャーを感じることでしょう。しかし、彼らは隣に座るくらいの距離感はプレッシャーとすら思いません。だからこそサッカーでもボールに対して止まらずにアタックしていきます。ドイツと日本の距離感の概念、または世界と日本の距離感の概念の違いも考える必要があるかもしれません。

とはいえ、日本もデュエルを避けていた以前に比べてアタックをする姿勢は全体的に向上しています。その意識自体はいいとは思いますが、現状はただ激しいだけで効率良くボールを奪えていません。奪ったあとゴールにつなげることを考えているのかというと、まだその質には辿り着いていないように感じます。すべてはゴールを逆算して、ボールを奪うことをしなければいけないのです。

本章は「Ballgewinnspiel」の原則の説明ばかりで読者のみなさんに退屈な思いをさせたかもしれません。点での話に終始したことで線にはあまりなっていないので、次章では「Ballgewinnspiel」の具体例を海外の試合から取り上げ、体系的により理解を深めていければと思います。

3

"Das Ballorientierte Spiel" Theorie

敵陣における「Ballgewinnspiel」

「BoS（ベーーオーーエス）理論」における
「Ballgewinnspiel：ボールを奪うプレー」の原則は頭に入っただろうか？
本章では敵陣における「Ballgewinnspiel」を具体例から、
ゲーゲンプレスの定義とその構造までを解説する。

効率的にゴールに向かうためにゲーゲンプレスは存在している

約10カ月間滞在した日本から2021年11月、ドイツ・シュトゥットガルトに戻ってきました。ドイツに来て改めて感じるのはドイツにおけるサッカーの影響力です。新型コロナウイルスの再拡大によりブンデスリーガの全試合が22年から再び無観客開催となった一方、イングランドは規制をかけることなく100%の有観客開催を貫き通しています。その状況に対してバイエルン・ミュンヘンの元CEO、カール＝ハインツ・ルンメニゲ氏は「感染拡大がより大きいにもかかわらずイギリスは100%、スペインは75%、イタリアは50%なのに、なぜドイツだけまだ0%なのか」と1月下旬に言い、同じようにRBライプツィヒのCEO、オリヴァー・ミンツラフ氏も続きました。サッカー界の重鎮によるそれらの発言によって行政が動き、再び規制緩和をする流れに変わってきつつあります。この流れを見るにつけドイツにおけるサッカーが持つ力はやはり非常に大きいと感じたのは言うまでもありません。言葉で表現するのは簡単なのですが、これはドイツ国内にいないと実感できない感覚でもあります。

実はこれ以外でもドイツ国内にいないと実感できない感覚を改めて味わうことがありました。2022年の1月に日本人の某Jリーガーがドイツ4部リーグで上位を争うクラブの練習に参加し、それをサポートした際の話です。以前から彼のプレーを日本で実際に見ており、彼は攻撃的なポジションだったので、「ドイツではゴールに直結するプレー、ゴールを決めるプレーが求められる」など、私の経験をもとに「ドイツではこうしたほうがいい」と、練習参加に向けて早くからドイツのプレーイメージをレクチャーしていました。

そこで、4部のクラブに練習参加する前の体慣らしにと、彼が渡独した直後にアマチュアの「サンデーリーグ」に彼を連れていきました。正規のサッカーコート半面を若干小さくしたフィールドで行われる6対6＋GKのミニゲームに参加した彼は、「1対1の激しさ、迫力、このレベルでも十分実感できました」と驚いていました。もちろん、事前に伝えていたことを彼は十分に活かしていました。一方でドイツに来てサッカーをしないと本当の意味が理解できないと改めて痛感したのもまた事実です。まさに百聞は一見に如かず。

確かに、理論、映像、データを分析してさまざまな準備をすることは大事ですが、サッカーはやはり人間と人間がやるものであって、現地で体をぶつけ合いながらディスカッションしていくことが、順応への近道であることを忘れてはいけないと思った次第です。また、日本チームの一員として海外遠征で個人が十分にプレーできたと感じたとしても、単独で外国のチームに入って同じような確信をすぐに得られるかと言えば厳しいでしょう。海外で自分の思うようなプレーを発揮するためには、サッカーの要素以外の問題がその前に立ちはだかることも決して忘れてはいけません。

では、練習参加した4部のクラブが下した彼の評価はどうだったのかと言えば、「テクニック、ボール扱いのうまさは評価できるし、4部リーグでも十分プレー可能だ」というものでした。しかし、「今欲しい選手かと問われると疑問符がつく」と。球際のテクニック、「Zweikampf（ツヴァイカンプフ：1対1）」でのボディコンタクトスキルが課題で、ペナルティエリア手前まではうまいが、ゴールを奪うための関与が強くない……。攻撃的な選手はゴールの匂いがしなければ評価は辛辣なものになります。うまい選手が良い選手とは限りません。彼が悪いわけではなく、日独における「サッカー基準のズレ」が影響していると個人的に考えています。

彼の例を見ても、ズレの一つとして、日本のJリーグにはゴールから逆算された「ＢｏＳ（ベーオーエス）理論」の「Ballgewinnspiel：ボールを奪うプレー」がやはり欠けているように感じます。本章ではゴールの可能性が高い敵陣にボールがあるときの「Ballgewinnspiel」の具体的な例を提示しながら、敵陣における前からのプレスについて説明したいと思います。

具体的な例に入る前に、読者のみなさんは「ゲーゲンプレス」と「ハイプレス」の違いを説明できるでしょうか。ゲーゲンプレスとハイプレスを分けるのは「時間的区別」です。ゲーゲンプレスはボールを失ったあとすぐにボールを奪い返そうとする行為となります。では、なぜすぐにボールを奪いに行くのでしょうか。それは選手のアスリート能力が上がり、戦術が洗練されている現代サッカーにおいて、そのような相手にきっちりとブロックを敷かれるとゴールを破ることは難しいからに他なりません。

逆に相手が攻撃に移る瞬間に奪い返すと、どのような状況が待っているでしょうか。相手は余裕のない状態で、陣形、特にDFラインは不安定です。ゲーゲンプレスはそこを突いたカウンタープレスで、ボールを奪うだけではなくゴールに結びつけるためのプレスと言えます。一方でハイプレスは特に敵陣での強度の高いプレスで、時間的というよりも空間的なプレスと言っていいでしょう。

ではなぜ、ゲーゲンプレスの必要性があるのかと言えば、その一つに攻撃における優先順位の最上位に「直線的にゴールに向かうこと」が君臨しているからです。もちろん、相手DFは自陣ゴール付近で起点を作らせないようにしている中で、縦にボールを送り込んでも簡単にはマイボールにはなりません。それでも果敢かつ頻繁にボールを前方に送り出すのは、「直線的な攻撃」が優先順位の最上位にあるからです。決してこの優先順位は新しいわけではありませんが、効率性を考えればゲーゲンプレスというプレス戦術は必然的に生まれたと言っていいでしょう。

ゲーゲンプレスの構造は4つの層で成立している

では、はじめに敵陣深くにおけるゲーゲンプレスの具体的な例を解説します。ここではあえて「失敗例」を挙げます。チーム全体が関わるゲーゲンプレスの基本的な構造がより理解できると考えたからです。それでは、２０２１－22シーズンのドイツ・ブンデスリーガ第14節、ボルシア・ドルトムント対バイエルン・ミュンヘンの2分30秒のシーンからいきましょう。同シーンはバイエルンのＤＦバンジャマン・パヴァール選手がドルトムント陣内のペナルティエリア近くからスローインをした直後です。お互い何度かのディフレクションがあったあと、ＭＦキングスレー・コマン選手がボールをロストしてしまい、ＭＦマルコ・ロイス選手にゲートパスが通ります。ロイス選手の完璧なターンからＦＷアーリング・ハーランド選手に質の高い縦へのロングパスが出て、それをＧＫマヌエル・ノイアー選手がクリアする流れです。

ここでコマン選手がボールをロストしたあと、バイエルンのゲーゲンプレスがハマらなかった理由を考えてみましょう。第一にコマン選手とパヴァール選手が球際にしっかりアタックしていないことが挙げられます。ただし、これは意図的と言えます。相手ゴール付近での不用意なファウルは11人がボールにオリエンテーション（方向づけ）したプレスを台無しにしてしまうからです。相手コーナー付近の狭いスペースでもあり、「次で引っ掛かる」という考えもあったのでしょう。

その意図を無駄にしたのがMFレオン・ゴレツカ選手でした。ここが第二のポイントです。コマン選手とパヴァール選手の後方にいるゴレツカ選手が完全なボールウォッチャー、なんの効果も期待できない「石」となっています。ポジションそのものも曖昧でゴレツカ選手がよりボールにオリエンテーションしていれば、ロイス選手へのパスを遮断できたかもしれません。また、ゴレツカ選手が「石」とはいえ、後方にいるMFコランタン・トリッソ選手とMFレロイ・ザネ選手も根本的にボールから遠いのも気になります（図1）。

ここからは改善案を示します。1番手のコマン選手とパヴァール選手がファウルを嫌ったにせよ、もう少し球際に厳しくいくべきです。さらにゴレツカ選手もこの動きに加わって球際を数的同数にする必要があります。これはゴレツカ選手の後方にいるトリッソ選手がゴレツカ選手に「zum Ball（ツム・バル：ボールに向かって!!）」という「Kommando（コマンド：コーチング）」をしていれば解消していた可能性があり、トリッソ選手はそのポジションだけではなくコーチングも改善案の一つとなります。もし、トリッソ選手のコーチングでゴレツカ選手が球際にいったならば、トリッソ選手はゴレツカ選手がいたスペースにオリエンテーションを強めたポジションを取り、それに伴ってザネ選手はさらに中に絞ってくれば文句なしでしょう（図2）。

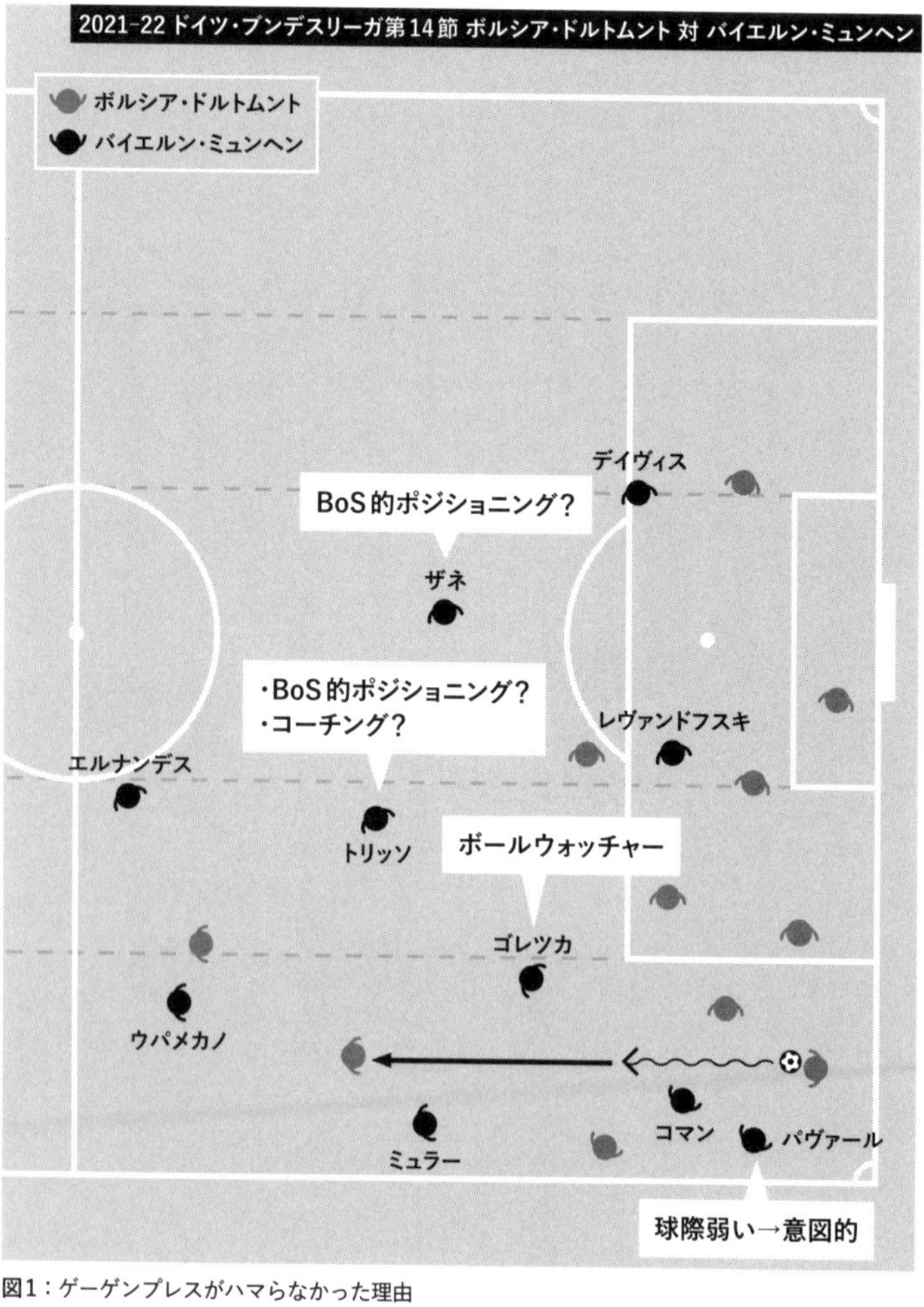

図1:ゲーゲンプレスがハマらなかった理由

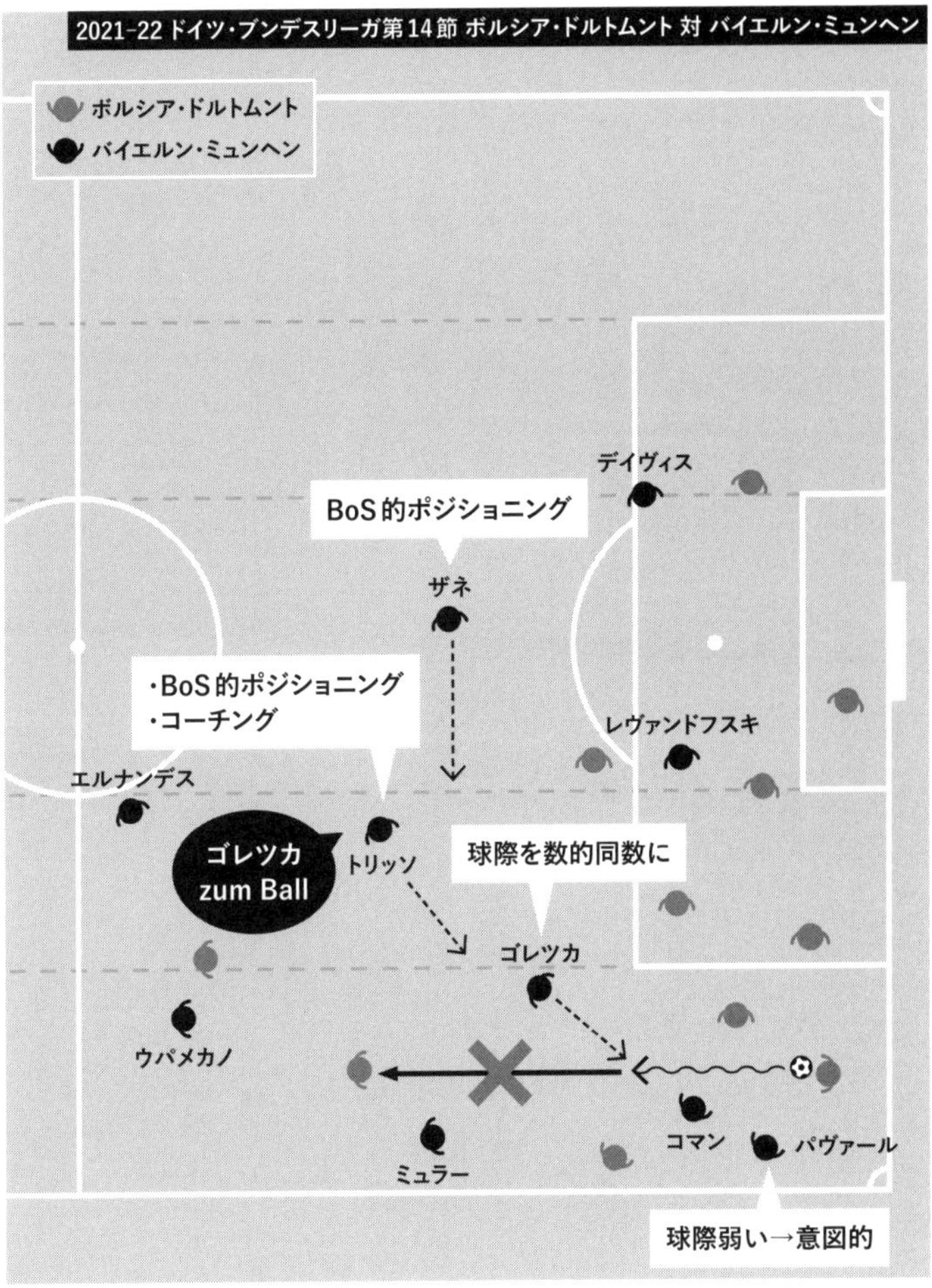

図2：ゲーゲンプレスの改善案

今度は、ゲーゲンプレスの構造をこのシーンをもとに示し、ゾーンごとのルールと役割を明らかにしましょう。まず、球際のコマン選手、パヴァール選手がいる１つ目の層を「ゾーン１」、その後方で網を張るゴレツカ選手、ＭＦトーマス・ミュラー選手、ＦＷロベルト・レヴァンドフスキ選手、ザネ選手、トリッソ選手がいる２つ目の層を「ゾーン２」、そのさらに後方でハーランド選手をケアするＤＦダヨ・ウパメカノ選手、ＤＦリュカ・エルナンデス選手がいる３つ目の層を「ゾーン３」、最終的にロングカウンターをクリアしたＧＫノイアー選手がいる４つ目の層が「ゾーン４」となります。ただし、相手ゴール近くでゲーゲンプレスを発動する際、「ゾーン４」の味方ＧＫが実質的に関与するのは、ノイアー選手のようにＤＦラインの背後に出たときの最後の砦としてのポジショニングで、ボールを奪うことには直接的に関与はしません。つまり、10人でボールを奪いに行くことになります。

「ゾーン１」はまさに球際、ゲーゲンプレスの最前線です。ボールをロストしたあと素早くボールを奪い返し、可能ならば素早くチャンスメイクをします。「ゾーン１」では基本的に数的同数を作ること、かつ「Manndeckung（マンデックング：マンツーマン）」。この例で言えばゴレツカ選手は「ゾーン１」に入っていくべきでした。「ゾーン３」はドイツでは「Restverteidigung（レストフェアタイディグング）」と呼びます。これを日本のサッカー用語に意訳すれば「リスクマネジメント」となり、「ゾーン３」は前線に残っているＦＷに「Absicherung（アブジッヒャルング：カバー)」となり、カウンターの起点を作られないようにします。

「ゾーン2」は「ゾーン1」が数的同数、「ゾーン3」が数的有利であることから、「ゾーン2」ではどうしても数的不利な状況になります。したがって、どの方向にボールが出ても対応できるように網を張るイメージとなります。「ゾーン1」の状況を見極め、予測し柔軟なポジショニングをすること、状況によっては人についたり、またはつきすぎない、ミュラー選手のような中間的なポジショニングが求められます。「ゾーン2」は「空間的リスクマネジメント」と呼んでもいいかもしれません。BoS的理解力が求められ、かつコオーディネーション能力でいう特に高い定位能力(「Orientierungsfähigkeit:オリエンティールングスフェーイッヒカイト」)、先取り能力(「Antizipationsfähigkeit:アンティツィパツィオンスフェーイッヒカイト」)が必要となります(図3)。前章でも述べた「Ballgewinnspiel」の段階的説明(①ボール、②味方選手、③相手選手)を参考にすれば、ゲーゲンプレスの構造を理解しやすいかもしれません。

このようにゲーゲンプレスは4層で成り立っています。ボールを奪い返すだけで終結せず、そこからゴールを目指すための構造です。一方で日本の場合はどうでしょう。「ゾーン1」がゲーゲンプレスと理解していたとしても、特に網を張る部分の「ゾーン2」「ゾーン3」を構造的に理解し、実践しているチームがあるのか疑問が残ります。そして、日本における「リスクマネジメント」と「Restverteidigung」は、日本は裏を取られないためにオリエンテーションす

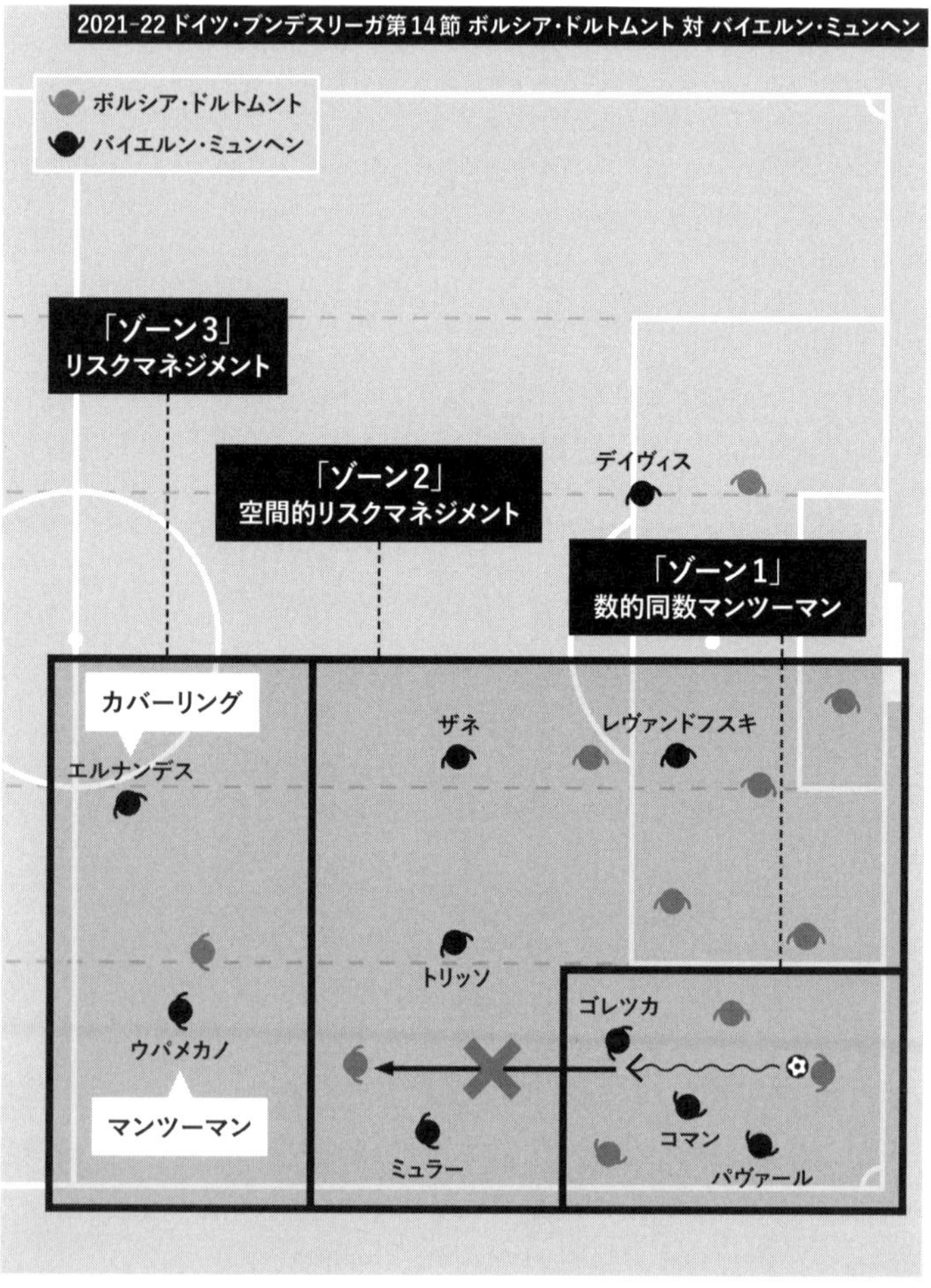

図3：ゲーゲンプレスの構造と役割

る傾向がある一方で、「Restverteidigung」はまずはカウンターの起点を作らせずになるべく敵陣でプレーするために前方でボールを奪うためのポジショニングという違いがあります。この「Restverteidigung」を可能とする前提は球際にしっかりとプレスがかかっていることなので、日本のリスクマネジメントとは区別し、「ＢｏＳ的リスクマネジメント」と定義したいと思います。

この例の最後に、これを「失敗例」と断言するのは個人的に酷だと感じています。なぜなら、ドルトムントのＤＦラファエル・ゲレイロ選手の判断の早さとパス、ロイス選手のクオリティ、ハーランド選手のスピードが高次元であったことが、わずかな隙があったバイエルンのゲーゲンプレスを掻い潜りチャンスになりかけたからで、大きなミスが点在していたわけではなかったからです。「ゾーン４」の役割を果たしたノイアー選手はさすがの一言で、90分間抜け目のないこの攻防が世界基準と言えるのです。

ボールを奪うために重要な「空間的リスクマネジメント」

次に「半分成功例」のゲーゲンプレスを解説します。２０１９－20シーズンのＵＥＦＡチャンピオンズリーグ決勝、パリ・サンジェルマン対バイエルン・ミュンヘンの一戦です。この例も前半開始直後のシーン、PSGがバイエルン陣内でスローインした直後からバイエルンのプレスが始まります。スローワーからFWネイマール選手にボールが渡った瞬間、バイエルンのMFトーマス・ミュラー選手とMFチアゴ・アルカンタラ選手が間髪入れずにアタックし、ネイマール選手は自陣方向へドリブルをします。ちなみにプレスのスイッチを入れるタイミングとして相手のスローイン、相手ゴール方向への背走があります。このシーンはまさに好例でしょう。

2人のアタックでボールをミュラー選手がセンターライン10メートル手前くらいで奪取し、ミュラー選手から質の高いスルーパスがセンターラインを越えたあたりにいたFWロベルト・レヴァンドフスキ選手に出ます。しかし、レヴァンドフスキ選手はその処理を誤り、その瞬間にスプリント。このルーズボールに近かったDFチアゴ・シウバ選手が背走しながらボールを拾いにいきます。そのボールをチアゴ・シウバ選手がGKケイロル・ナバス選手にバックパスすると、レヴァンドフスキ選手の方向はGKにシフト。チアゴ・シウバ選手へのリターンパスを切る追い込み方は前章のコマンド「Jagen（ヤーゲン：ボールを追え!!）」を完璧に体現しています。これによってプレスの口火が切られ、チーム全体におけるゲーゲンプレスのギアが一段上がります。レヴァンドフスキ選手は「口火役」なので、この時点でボールを奪えなくても問題はありません。パスコースを限定させ、フルスプリントによる精神的、また時間的プレッシャーを与える役割をまっとうしています。むしろ、ゲーゲンプレスは2、3、4番手と次、また次の選手で奪えばいいのです。

レヴァンドフスキ選手が外のチアゴ・シウバ選手を切っているので、バックパスを受けたナバス選手がボールをつなぐには、逆サイドの右SBティロ・ケーラー選手の大外か中央のDFプレスネル・キンペンベ選手のどちらかとなります。このとき、2番手のMFキングスレー・コマン選手はどちらにも対応できるように中間ポジションを取っています（図4）。このあとの流れは以下のとおりです。

ナバス選手はキンペンベ選手を選択しコマン選手がアタック→キンペンベ選手はダイレクトで左サイドのペナルティエリア外にいるチアゴ・シウバ選手にパス→キンペンベ選手とチアゴ・シウバ選手の中間にいたミュラー選手がボールに対してほぼ前面からアタック→チアゴ・シウバ選手を頂点としたMFレアンドロ・パレデス選手、MFマルキーニョス選手によるビルドアップのヘルプ用三角形の中間ポジションにMFセルジュ・ニャブリ選手→チアゴ・シウバ選手のパスは若干内側切りになったミュラー選手の足先をかすめて外側のパレデス選手へ→ニャブリ選手はこの状況を見極めパレデス選手にボールが届くとほぼ同時に縦切りをしてタイトに対応→パレデス選手は中央にいるマルキーニョス選手にダイレクトで横パスを送るもコマン選手がプレス→マルキーニョス選手はパレデス選手に横パスのリターンをするも意思疎通できずニャ

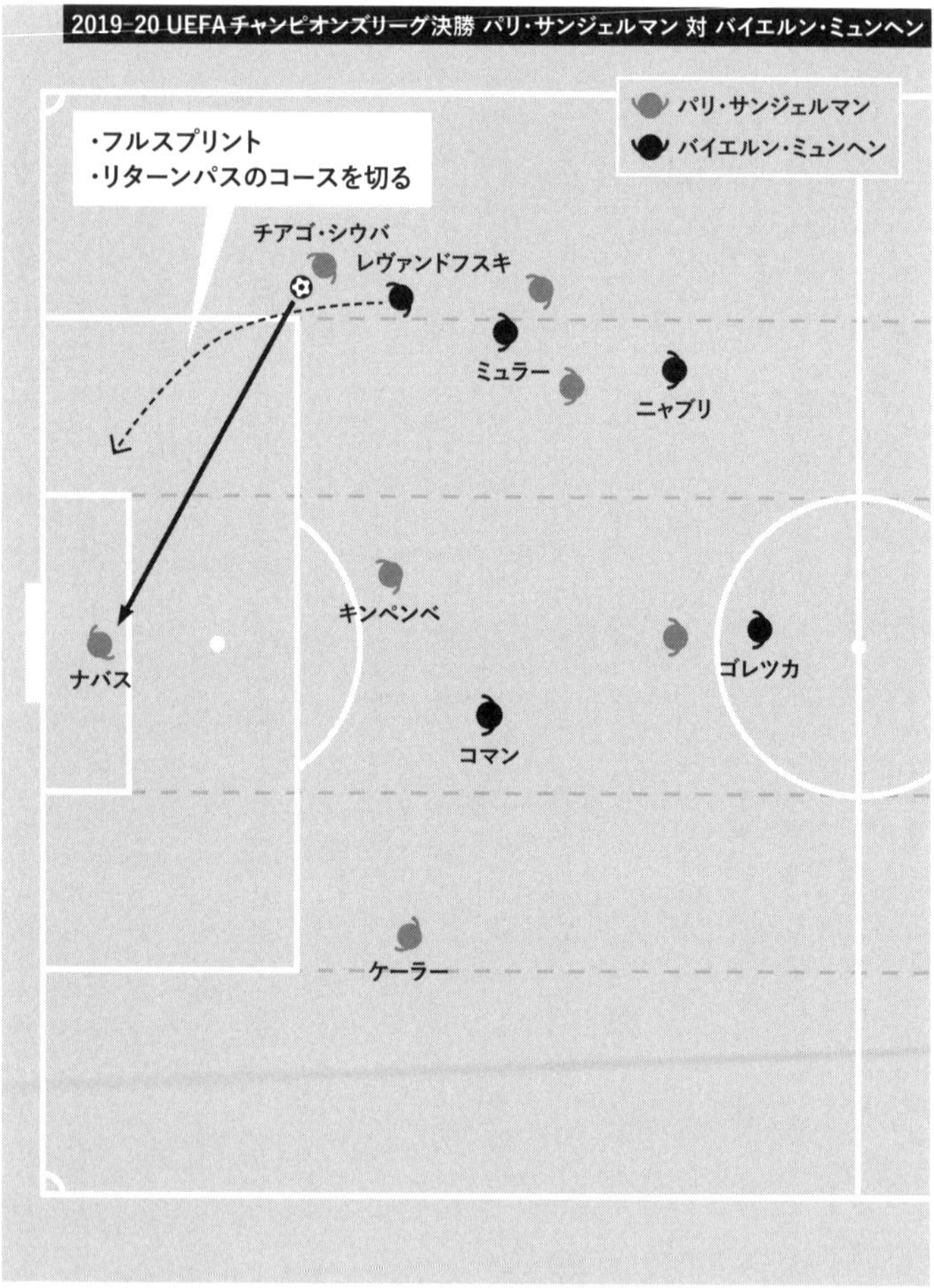

図4：コマンの中間ポジション

ブリ選手がボール奪取。

この流れをまとめると、❶レヴァンドフスキ選手の口火切り、❷コマン選手、ミュラー選手、ニャブリ選手の中間ポジションからのアタック、❸コマン選手の継続的なアタック（マルキーニョス選手へのアタック）と、3つのポイント（図5）が挙げられます。他にもボール状況によってレヴァンドフスキ選手はポジションをオリエンテーションし、中央のFWアンヘル・ディ・マリア選手にマンツーマン気味でついていたゴレツカ選手はボールが奪える状況を察知し一気にボールサイドへ寄り、チアゴ・アルカンタラ選手はビルドアップのヘルプに降りてきた左SBのファン・ベルナト選手を捕まえています（図6）。また、映像には入り切っていませんが、「BoS的リスクマネジメント」もきっちりとしていると予想されます。なぜなら、この試合ではネイマール選手、FWキリアン・ムバッペ選手、ディ・マリア選手がその「BoS的リスクマネジメント」で何度も食い止められているからです。

「Ballgewinnspiel」はボールを奪うだけではなく、ゴールチャンスを作るまでと何度も述べてきました。この例を「半分成功例」とするのはそのためです。チャンスメイクするにはニャブリ選手が前方でフリーだったミュラー選手に奪った直後にパスを出すべきでした。しかし、実際は中央にボールを運んでゴレツカ選手にショートパス（図7）。奪った時点でボールサイドは「5対3」（ボールを奪われたパレデス選手は尻餅をついているので実質は「5対2」）で攻撃の選択肢があ

2019-20 UEFAチャンピオンズリーグ決勝 パリ・サンジェルマン 対 バイエルン・ミュンヘン
パリ・サンジェルマン
バイエルン・ミュンヘン
1
・ボールに対して前面でアタック
・フルスプリント
チアゴ・シウバ
パレデス
ミュラー
ニャブリ
マルキーニョス
レヴァンドフスキ
2
・GKから中央に入ったボール位置では目の前の相手にオリエンテーション
・中央から外に出たボール位置になるとボールによりオリエンテーション
キンペンベ
ナバス
コマン
(例)
3
・大外にも対応またはパスカットできる中間ポジション
・大外を切りながらアタック(味方選手が多くいるほうに)
ケーラー

図5：３つのポイント

2019-20 UEFAチャンピオンズリーグ決勝 パリ・サンジェルマン 対 バイエルン・ミュンヘン
パリ・サンジェルマン
バイエルン・ミュンヘン
チアゴ・アルカンタラ
パレデス
チアゴ・シウバ
ミュラー
ニャブリ
レヴァンドフスキ
マルキーニョス
パスミス
ゴレツカ
キンペンベ
ナバス
コマン
ディ・マリア
①レヴァンドフスキのスプリントとパスコース切り
②コマンの中間ポジションからの外切り
③ミュラーは中間ポジションから外に出たボールに対し前面からアタック
④ニャブリは近くの相手２人、特に中央寄り（ボール位置）からボールが外に出てミュラーのアタックを見て中央の選手から外の選手にオリエンテーションしアタック
⑤ゴレツカはボールが外に出た時点で中央目前の相手からボールにオリエンテーション
⑥コマンがニャブリが離したボランチにアタック
⑦レヴァンドフスキはGKからCBを捕まえる
⑧チアゴ・アルカンタラはサイドに張り出したビルドアップに関わろうとする選手を捕まえる

図6：一連の流れ

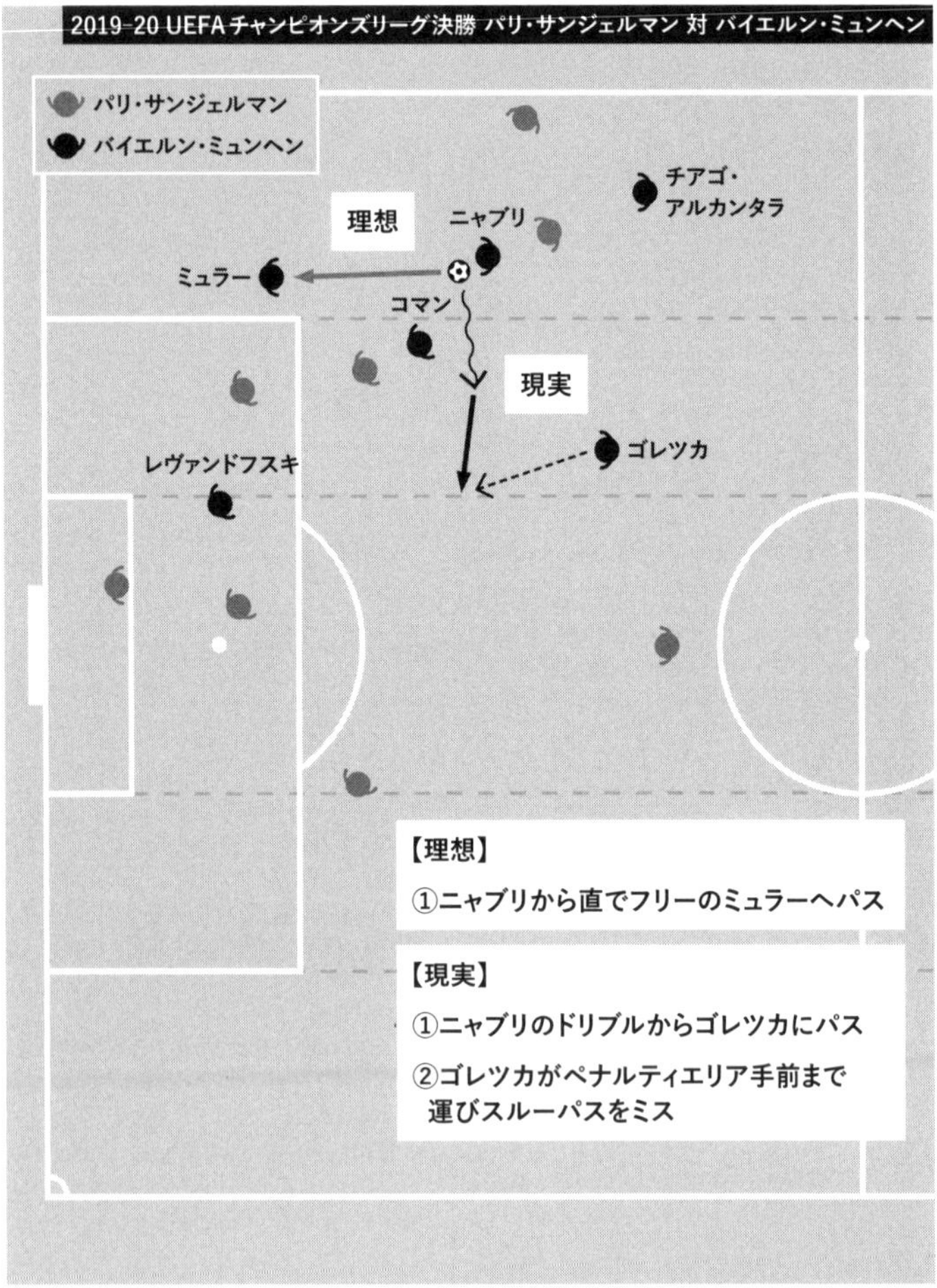
2019-20 UEFAチャンピオンズリーグ決勝 パリ・サンジェルマン 対 バイエルン・ミュンヘン
パリ・サンジェルマン
バイエルン・ミュンヘン
チアゴ・アルカンタラ
理想
ニャブリ
ミュラー
コマン
現実
ゴレツカ
レヴァンドフスキ
【理想】
①ニャブリから直でフリーのミュラーへパス
【現実】
①ニャブリのドリブルからゴレツカにパス
②ゴレツカがペナルティエリア手前まで運びスルーパスをミス

図7：理想と現実

りすぎたのか、ボール際がニャブリ選手、コマン選手、ゴレツカ選手で渋滞してしまいます。ゴレツカ選手はペナルティエリア付近までドリブルをし、PSGの5人に囲まれながらスルーパスをミュラー選手に出しましたが、意思疎通が取れずチャンスには至りませんでした。ただ、ゴレツカ選手がドリブルをしてから囲まれるまでの時間はわずか3秒しかありません。ボール奪取後にゴール方向に対して少しでもタイムロスをするとチャンスを作り出すのはやはり困難なものになります。

この例のまとめに入ると、PSGに大きなミスがあったかと言えばそうではありません。開始直後に発動したバイエルンによる全力のゲーゲンプレスが素晴らしく、PSGは出鼻を挫かれてしまいました。PSGはこれほど強度の高いプレスを90分間通して受けたのは初めてだったと思います。もし、PSGが改善する点があるとしたら、チアゴ・シウバ選手のバックパスがレヴァンドフスキ選手のスプリントに対して優しすぎたことです。ナバス選手がゴールを外して受けていればもう少し強いパスが送れていたことでしょう。

これ以上に改善の余地があるのは、コマン選手がそれほど強くアタックにいけていないのに、ナバス選手からパスを受けたキンペンベ選手がチアゴ・シウバ選手にダイレクトに出したことです。これがターニングポイントで少しずつポゼッションの歯車が狂いました。これにより中間ポジションのミュラー選手はボール保持者のキンペンベ選手に食いつくことなく、躊躇なくチアゴ・シウバ選手にアタックができたわけです。

しかし、普通ならこのアタックで引っ掛かるところを、チアゴ・シウバ選手は冷静に縦パスを送ります。チアゴ・シウバ選手、ナバス選手、キンペンベ選手の三角形、次のチアゴ・シウバ選手、パレデス選手、マルキーニョス選手の三角形も、その距離感、パスのクオリティも含めてポゼッションとしては及第点以上でした。もし、コマン選手の球際が比較的弱いという情報が念頭にあれば、キンペンベ選手、マルキーニョス選手が余裕を持ってプレーできたかもしれません。PSGがバイエルンのプレスを掻い潜っていた可能性はあります。この例もやはり世界基準だったことは言うまでもありません。

以上の2例からゲーゲンプレスの要点をまとめます。ゲーゲンプレスの目的は出来る限り早くボールを奪い返し（5秒以内）、素早くゴールを目指すことです。ボールに近い選手たちはフルスプリントでボールにアタックし、その時点ですでにミスを誘発させることも可能でしょう。ただし、PSGのようにハイレベルなチームだとそう簡単にミスはしてくれません。ボールロスト後の速い切り替え（「Umschalten：ウムシャルテン」）は当然ですが、どうしてもゲーゲンプレスの初動からその構造を構築するまで時間はかかります。それゆえ、相手に横パスを誘発させてその時間を稼ぎたいのです。時間的な理由の他に横パスをカットできればゴールチャンスに結びつけやすいというのもあります。例2からもわかるように1回の横パスでどれだけPSGのポゼッションが狭いスペースに限定されていったのかは理解できると思います。一方で、例1は縦パス2本で局面を打開されています。ボールに11人がオリエンテーションする「Ballgewinnspiel」にとって、コントロールされた縦へのパス、特にロングボールは要注意です。そういった意味でもボールに対して前方からアタックすることは重要で、状況によってはタクティカルファウルもゲーゲンプレスを実行する上で必要になります。

最後に。ゲーゲンプレスの目的は同じであっても、その方法はそれぞれの監督によって違いがあります。例えば、シュトゥットガルト時代に私が何度も対戦したユップ・ハインケス監督率いるバイエルンのゲーゲンプレスはよりマンツーマンに近いものでした。個々の能力が非常に高く、まさに強者のゲーゲンプレスと言えました。一方でペップ・グアルディオラ監督の考えるゲーゲンプレスもまた異なるはずです。私が示したゲーゲンプレスの構造は「Ballgewinnspiel」の一つとして比較的汎用性は高いのではないかと考えます。

次章の「Ballgewinnspiel」は、プレス（またはゲーゲンプレス）がハマらなかった場合の敵陣におけるハイプレスについて実例を挙げ、説明していきたいと思います。

4

敵陣における「Ballgewinnspiel」不成立時の移行

前章では「BoS(ベーオーエス)理論」の敵陣における
「Ballgewinnspiel:ボールを奪うプレー」を解説した。
では、敵陣における「Ballgewinnspiel」が成立しなかった場合は
どうすればいいのか? 具体例から移行の仕方を示す。

日本に蔓延している「なんとなく」のプレス

２０２２年４月２日にカタール・ワールドカップのグループステージ抽選会が行われ、日本代表はドイツ代表とスペイン代表のサッカー大国と同じグループになりました。20年弱、ドイツのサッカーに携わる私にとって今回のワールドカップは興味深いものとなりました。「死のグループ」と評されるグループに入ったことで日本では悲観的な声が多い中、日本の出方によってはやり合える可能性を十分に秘めていると考えているからです。ドイツとスペイン国内では日本を特別に警戒する風潮は見えません。その一方で「決して侮ってはいけない」という声も同時に上がっています。日本の立場からすれば、むしろ侮ってくれたほうが都合がよいのは明白です。本書ではドイツの最先端戦術に触れつつ、「ＢｏＳ（ベーオーエス）理論」に基づいた「Ballgewinnspiel（バルゲヴィンシュピール：ボールを奪うプレー）」を解説しています。カタール・ワールドカップの予習かつ復習としても楽しんでもらえればと思います。

「ＢｏＳ理論」における「攻撃」とは、ボール保持時だけではなく、ボール非保持時においても「ボールを奪う攻撃」という概念を持ってプレーし、「常時攻撃態勢」を形成している点が特徴的な部分です。それは特に敵陣において発揮されることとなります。なぜなら、たとえ相手がボールを持っていてもボールが敵陣にあれば、それは向かうべきゴールとの距離が近いことを意味し、と同時にそこでボールを奪えれば素早くゴールに辿り着けるからです。「敵陣にボールがあるときは組織的にアタックせよ。なぜならゴールが近いから」という発想となります。そのための手段としてゲーゲンプレスやハイプレスが存在します。

日本のサッカーとドイツのサッカーとの最大の違いは、「ボールに対するオリエンテーション（Das Ballorientierte Spiel：ダス・バルオリエンティールテ・シュピール）」（方向づけ）です。ドイツでは11人すべての選手が組織的にボールにオリエンテーションし、極端にプレスを仕掛ける一方、日本ではそのプレスが非常に局所的です。つまり、11人がボールにオリエンテーションしておらず、ボールに近い数人の選手たちのみでプレッシャーをかけている状態になっています。そこには最終目標としてのゴールを奪うという戦略的かつ構造的なプレスは見えません。ゲーゲンプレスをしているつもり、プレスにいっているつもり、帰陣しているつもり、セットしているつもり……では一体なんのために？「なんとなく」では相手に対し脅威を与えられず、相手の侵入したいスペースを防ぎ切ることはできないのです。

では、「ＢｏＳ的ゲーゲンプレス」の構造（**図1**）を、２０２１－22シーズンのドイツ・ブンデスリーガ第14節、ボルシア・ドルトムント対バイエルン・ミュンヘンの2分30秒のシーンをこちらが理想形に改善したものを例に復習しましょう。ゲーゲンプレスは「ゾーン１」から「ゾー

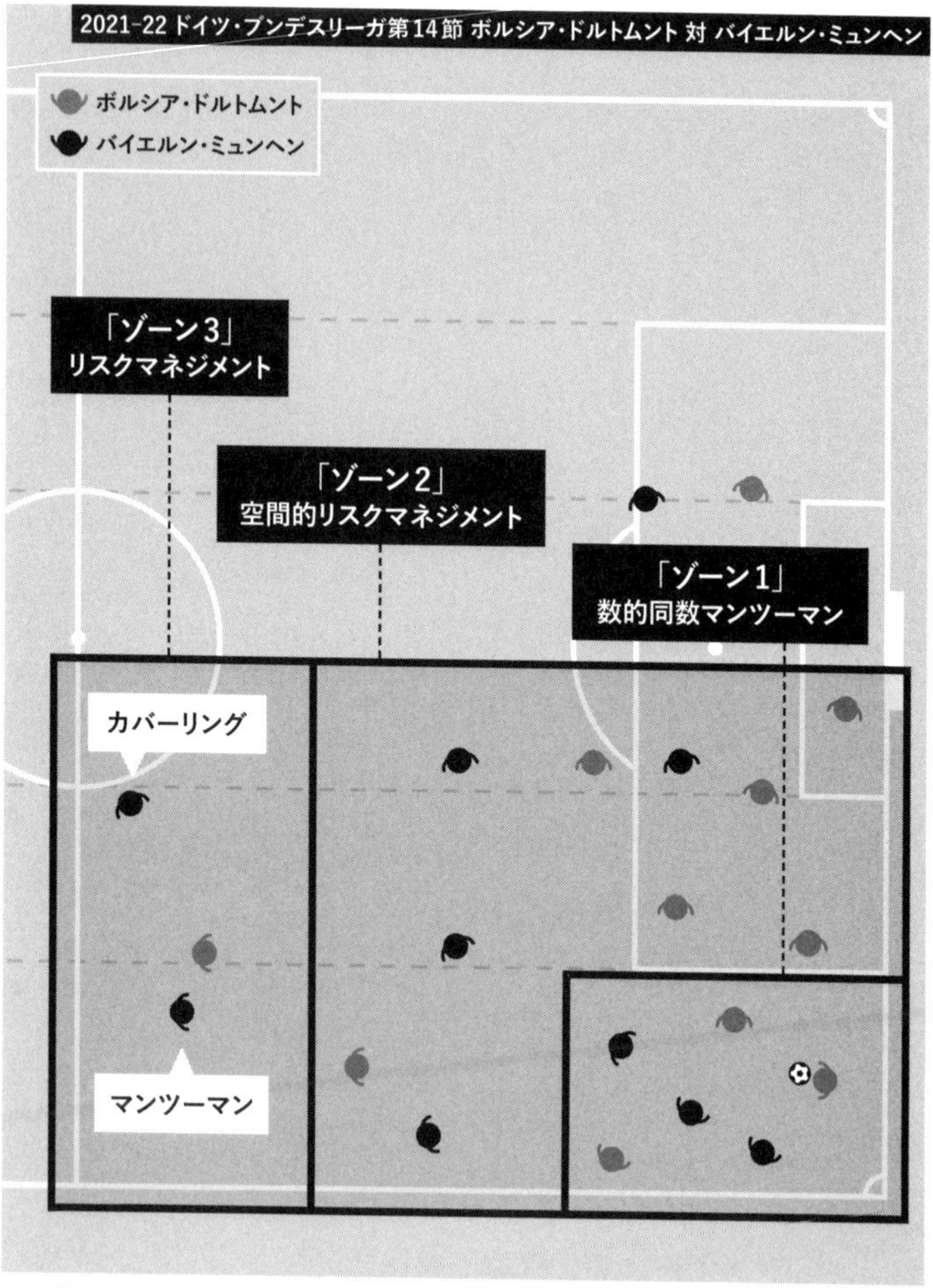

図1：「BoS的ゲーゲンプレス」の構造

ン4」までの4層で成り立っています。「ゾーン1」はまさにゲーゲンプレスの最前線である球際の部分。ボールロスト後、即座にボールを奪い返し、ゴールに素早く向かうことを目標とします。次の「ゾーン2」は前線が激しくボールを奪いに行くのに対し、そこを打開されたとしてもボールの行方を逃さないように網を張り、ボールにオリエンテーションしながら「空間的リスクマネジメント」を行う層です。ボールがこぼれるであろう位置や状況を予測し、高い機動力とインテリジェンスでボールを回収することが求められます。

その次の「ゾーン3」は前線に残っている相手FWに対し起点を作られないようにボールにオリエンテーションしながら、マンツーマンとカバーリングによってリスクマネジメントをする層です。ここで言うリスクマネジメントとはあくまでも積極的なポジション取りを行った上での意味です。DFラインが積極的なポジションを取るためには前線の強度と質の伴ったプレスが不可欠となります。特にこの「ゾーン3」での原則が日本のリスクマネジメントとの差を分けています。ドイツは出来る限り敵陣でプレーするために「BoS的マンツーマン」と「BoS的カバーリング」を行っています。が、日本では裏を取られないためのリスクマネジメントを行っており、後者の対応は一見セーフティーに映りながら結局は簡単に起点を作られ、自陣に侵入させてしまいます。リスクマネジメントをしている選手たちはただの「石」と同様となります。相手の幸運なミスを待つような消極的リスクマネジメントであり、何にオリエンテーションしてプレーしているのか、差が明確に出ているゾーンとも言えます。最後の「ゾーン４」はゲーゲンプレスに直接的に関与しないＧＫのゾーンとなり、自チームのＤＦラインが裏を取られた際に最後の砦となる役割を持ちます。もちろん、ＧＫも11人の一員であり、ゲーゲンプレスを構成する大事な一つの要素です。

ここで大事なのが、あくまでもこのゲーゲンプレスを構成する４つの層も、そのすべてがボールにオリエンテーションした「ゴールを奪うためのプレー」、「ＢｏＳ理論」に基づく原則のもとで行われているということです。最前線である「ゾーン１」では「ＢｏＳ的マンツーマン」を実行し、「ゾーン２」では「ＢｏＳ的空間リスクマネジメント」を行い、そしてカウンターを警戒する「ゾーン３」では「ＢｏＳ的リスクマネジメント」を成立させ、「ゾーン４」ではＧＫが「ＢｏＳ的ＧＫポジション」を取ります。ドイツのＧＫがゴールにへばりつくのではなく、高い位置を取るようになったのは「ＢｏＳ理論」からの逆算です。

プレスが成立しなかったときはまず「Ordnung」に切り替える

本章では「Ballgewinnspiel」の原則にある「敵陣でゲーゲンプレスとハイプレスが成立しなかったときにはどういったプレーをすべきなのか」という前段階のテーマを説明します。なぜ前段階なのかと言えば、敵陣でゲーゲンプレスまたはハイプレスが成立しなかったときの移行部分が非常に大事であり、その移行部分が曖昧であればあるほど、「Ballgewinnspiel」全体の命取りになるからです。

Jリーグも最近はJ1のみならずJ2、J3でもインテンシティが高く、「BoS的サッカー」を展開するチームが散見されるようになってきました。とはいえ、敵陣でゲーゲンプレスまたはハイプレスが成立しなかったときの論理構造の理解不足から招く失点シーンも同時に多く目立っているのもまた事実です。例えばJリーグの場合、ゲーゲンプレスまたはハイプレスがうまく成立しなかったとき、どのようなプレーを行っているのでしょうか。これまでJリーグの試合を分析して大きく感じたことは、そもそもゲーゲンプレスが先ほど述べた4層によって成り立っていないということ。少なくとも「ゾーン1」の最前線のみは、ボールロスト後に即時奪回を目指しボールにアタックはしているものの、それ以外の「ゾーン2」「ゾーン3」の選手たちはボールにオリエンテーションしておらず、組織としてコンパクトな陣形を形成することができていません。つまり、組織的ではない「局所的ゲーゲンプレス」になっているのです。

例えばゲーゲンプレスが成立せず、大きくサイドチェンジされたとします。サイドチェンジによってその状況を打破されたのにもかかわらず、ボールに対して正面からアタックできるように陣形を整えようとしないのです。これだと縦に速い攻撃を展開するチームと当たった際にはいとも簡単に自陣のスペースへと侵入されてしまいます。また、前線がダラダラと中途半端にボールを後追いすることでDFラインが積極的なリスクマネジメントを行えず、裏への警戒を最優先しなければいけない状況を強いられ、主導権を握られる結末となってしまうのです。プレスにいき続けるのか、帰陣するのか、やるべきことがはっきりしておらず、ゲーゲンプレスまたはハイプレスが成立しなかったときの論理構造を理解していないため、「なんとなく」ボールを後追いしてしまうのです。

ゲーゲンプレスまたはハイプレスが成立しなかった場合、第一に取り組まなくてはいけないプレーは、「Ordnung（オールドヌング：陣形を整えろ!! 陣形の秩序を保て!!）」というコマンドとなります。網を張る、つまり帰陣し陣形を整えることです。かつ自陣ゴール方向に直線的に落ちるだけではなく、しっかりとボールにオリエンテーションしながら帰陣します。仮に逆サイドにボールを展開されたならば、ダイアゴナル（対角線上）に帰陣することが理想です。

いわゆる「プレスが成立していない状態」とは、ボールに対してプレッシャーがかかっていない、かけられない状態です。その際に陣形を整えることへと切り替えます。切り替える理由としては、プレスが成立していないのであれば、11人全員がボールよりも後方にポジションを取り、前方向へアタックしなければならず、その態勢を確保するためです。陣形を整えることによって前方向へアタックする態勢を整え、プレスの準備をする。この循環こそ、「Der

Kreislauf des Ballgewinnspiel（デア・クライスラウフ・デス・バルゲヴィンシュピール：ボールを奪うプレーの循環）」（図2）です。

では、この「Der Kreislauf des Ballgewinnspiel」をもとに、2つの悪い例を見ていきましょう。まずは2022年J1第9節、柏レイソル対京都サンガF.C.で生まれた京都の得点シーン。自陣最奥からビルドアップし、一度も相手に奪われることなくゴールまで辿り着いた京都のプレーは確かに一見、見え映えのするものでした。しかし、この称賛の流れに対して苦言を呈さなければなりません。京都の得点を許してしまった柏のハイプレスと自陣ゴールに対する一連の守備の流れがあまりにもお粗末だったからです。むしろ柏の失態を取り上げなければ、Jリーグの「Ballgewinnspiel」は変わるものも変わっていきません。

11分40秒のシーン。柏が敵陣中央から敵陣奥深くを狙ったパスを出すも少しズレてしまいます。京都は狙いどおりパスミスを誘発し、ボールを奪い切ります。京都のボール保持となったときのボールの所在地は自陣のペナルティエリア付近。ボール周辺には柏の選手は3人いたにもかかわらず、3人いずれも様子を見てただステイしているだけでゲーゲンプレスにいきません。本来であれば、相手のボール保持となった瞬間にボールの位置と味方の状況を顧みた上で、ゲーゲンプレスを行い、相手にプレッシャーを与えるべきでした。

しかし、京都は柏の緩さを突くことなく、安易にCBへのバックパスを選択します。このバッ

図2：「Der Kreislauf des Ballgewinnspiel：ボールを奪うプレーの循環」

クパスをきっかけに柏の3人のアタッカーはハイプレスを仕掛けます。ゲーゲンプレスにおける「ゾーン1」で京都の右CB井上黎生人選手に対し、MF小屋松知哉選手が外を切りながらプレッシャーをかけます。及第点をあげられるこのアタックによって、井上選手からGK上福元直人選手へのさらなるバックパスの誘発に成功します。が、ここで小屋松選手は立ち止まってしまいました。本来であれば、小屋松選手はGKへバックパスが送られると同時にプレスをやめるのではなく、CBへのリターンパスのコースを切りながら連続的にGKへのアタックに加わる（「Dazukommen：ダーツーコメン」）べきでした。

次のプレー。上福元選手にボールが渡るまで徐々に間合いを詰め、アタックにいく準備をしていたFW細谷真大選手が良いプレッシャーを上福元選手に与えます。上福元選手は自陣ゴールの目の前でなんとか左CB麻田将吾選手へボールを送り、パスが渡るや否や同じく準備を整えていたMFマテウス・サヴィオ選手が麻田選手に対し前面からアタックします（「Vorwärtsverteidigen：フォアヴェアツフェアタイディゲン」）。京都にとってパスコースはなく、いわゆるハマった状態で、京都万事休すかと思いきや……。上福元選手へアタックを仕掛けた細谷選手は上福元選手へのリターンパスのコースを切りながら連続的に麻田選手にアタックし、2人でボールを奪うというプレーをせず、なぜか自陣方向のスペースに後退してしまうのです（図3）。

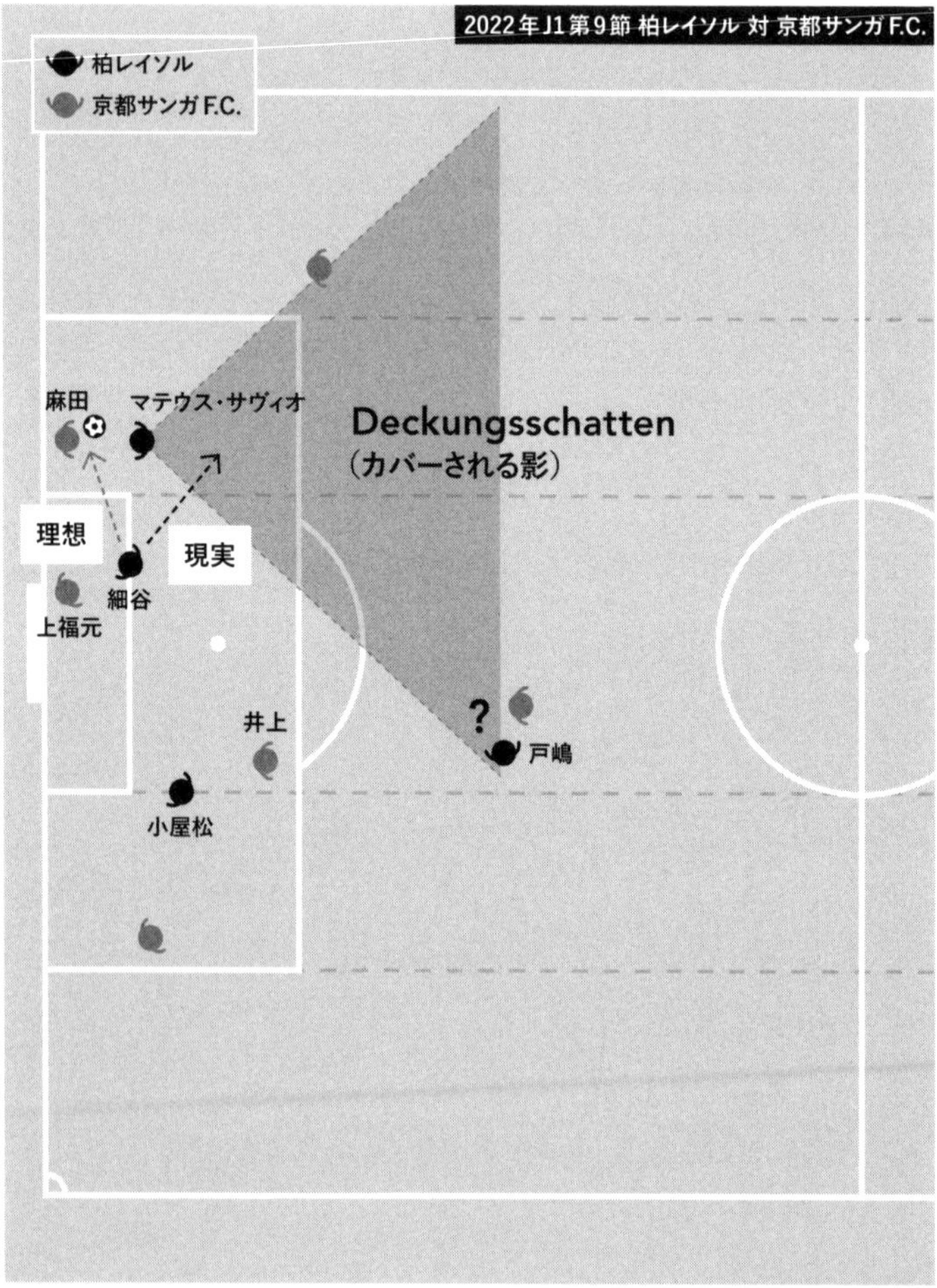
2022年J1第9節 柏レイソル 対 京都サンガF.C.
柏レイソル
京都サンガF.C.
麻田
マテウス・サヴィオ
Deckungsschatten
(カバーされる影)
理想
現実
細谷
上福元
井上
?
戸嶋
小屋松

図3：柏レイソルの悪例

プロの試合ではありえないゴール前での往復の横パス

本来このようなシチュエーションでは「Deckungsschatten（デックングシャッテン：カバーされる影）」というパスが出ないと予測される三角形を考えなければいけません。これは全員でプレスする上で非常に重要な原則です。その三角形を活用していれば複数で躊躇なくボールにアタックすることができたはずなのに、その構造を理解していなかったゆえ、無意味に自陣方向へと後退するという選択を下してしまったのです。

そこから京都サンガF.C.の左CB麻田将吾選手は後退した柏レイソルの隙を利用しボールを中へ運び、再びGK上福元直人選手へゴール前での横パスを通します。もしここでFW細谷真大選手が上福元選手のコースを切り、麻田選手にアタックしていれば……。ポジションを落としたボランチに対しMF小屋松知哉選手がオリエンテーションしたプレーは正しいと表現でき、この前線の3選手だけでプレスが完結した可能性は高いでしょう。が、結果的には細谷選手と小屋松選手が後退したことによって、プロの試合ではありえない「往復券」を京都に発行させてしまいました。

前線の3選手でボールを奪えた可能性があったにもかかわらず、この3選手で完結できなかった理由としては、もちろんその当事者たちに原因が求められる中で、さらに大局的に見るならば、プレスが局所的でかつ組織的でなかった点にあります。つまり、「ゾーン2」でのオーガナイズにも問題があったということです。ボールが敵陣ゴール目前にあり、なおかつペナルティエリア内で3対3＋GKのシチュエーション。ハイプレスを行うには絶好の条件であるのにもかかわらず、MF陣はペナルティエリア外から離れた位置で眺めているだけで、チャンスをただ野放しにしている状態です。なぜこのボール位置、状況であるのにこのポジショニングなのでしょうか。あまりにも消極的です。さらに、「ゾーン2」の選手たちはコマンド＝コーチングによるコミュニケーションで「ゾーン1」の選手たちをコントロールしていたのでしょうか。

このシーンの「ゾーン2」で唯一映像に映っていたのがMF戸嶋祥郎選手です。例えば京都のボランチを戸嶋選手が捕まえ、小屋松選手をよりプレスの最前線へ、ボール方向へ押し出すことによって、ボール奪取から即ゴールのイメージがより見えてこないでしょうか。中途半端なポジションの戸嶋選手は結局、敵陣ゴール前で左右に往復されたパスからビルドアップをされる過程で、まさにただの「石」と化してしまいました。戸嶋選手だけではなく、映像に映りもしなかった後方の選手たちは一体どこにいたのでしょうか。残念ながら映像では「ゾーン3」のリスクマネジメント部分が見えないため言及はできませんが、おおよその見当がつきます。

個人的にはゴール目前での「パス往復券」が発行された時点で、柏はすでにプレスのタイミングを逸したと判断し、帰陣すべきだったと考えます。なぜなら、ボールに対してプレッシャーがなく、京都がいい状態で前向きにボールを持っているからです。それなのに柏はこの状況でもボールに遠い場所からボールを後追いしてしまいます。FWピーター・ウタカ選手が低い位置からのビルドアップに参加し、それに柏のCBは必死についていきます。このCBの行動は確かに「BoS理論」においては必要不可欠なプレーではありますが、ボール保持者がフリーで、かつ自チームがコンパクトではなく、狙いが絞れない場合はこのように空回りする可能性が高くなります。ウタカ選手にCBが食いつき、ダイレクトにサイドにはたかれてからの柏は消極的そのものに。京都の攻撃が決して直線的ではなかったことを考えれば、柏がこの失点を防げなかったとは思えません。テーマとズレるので本章では細かく言及しませんが、「自陣へのボールの運ばれ方」「自陣ペナルティエリア付近での自ゴールの守備（Torverteidigung：トアフェアタイディグング）」ともに改善の余地は大いにあります。

では、柏はどうするべきだったのでしょうか。同シーンはプレスがハマっていない状態です。この例で言うならば、ボールが敵陣ゴール目の前を往復したあとの状況。ここではボールを追いかけ回すのではなく、素早く11人がボールにオリエンテーションしながら帰陣し、ボールの後方に戻りボールに対して正面からアタックできる陣形を整え、出来る限り早く自陣ゴール方向への背走を避け、陣形を整えた11人がボールの前に網を張るかのように立ちはだかり、そして、敵陣ゴール方向にアタックできる状態を作り、縦軸・横軸ともにコンパクトな陣形でプレスの口火を切るタイミングを待つ必要がありました。柏の失点は「Der Kreislauf des Ballgewinnspiel」の右側部分が機能しなかった例と言えます。このように中途半端なプレス、中途半端な帰陣、チームとしてどっちつかずのプレーの最中にピンチを招くことが特にJリーグでは多く見られます。

ハイプレスを外されたあとにダイアゴナルに落ちる重要性

次に2022年J1第10節、横浜F・マリノス対ヴィッセル神戸でのワンシーンを取り上げます。このシーンはハイプレスではないものの、横浜FMが神戸のプレスの曖昧さを突き、一方で神戸はその時間と余裕を横浜FMに対し、たっぷりと与えてしまっていることが理解できると思います。51分10秒、神戸陣内右サイドで横浜FMがスローイン。神戸は横浜FMのスローインに対しボールサイドに寄っており、横浜FMはこの状況で前進することはできないと判断し、最終ラインへのバックパスを選択します。神戸の前線2人はそのバックパスの後追いをします。その後は**図4**のとおりです。瞬く間にサイドチェンジされ、最終ラインまでボールを運ばれます。先ほどの柏レイソルの例と同じく、プレスが外されたあとの対応が曖昧で、チーム

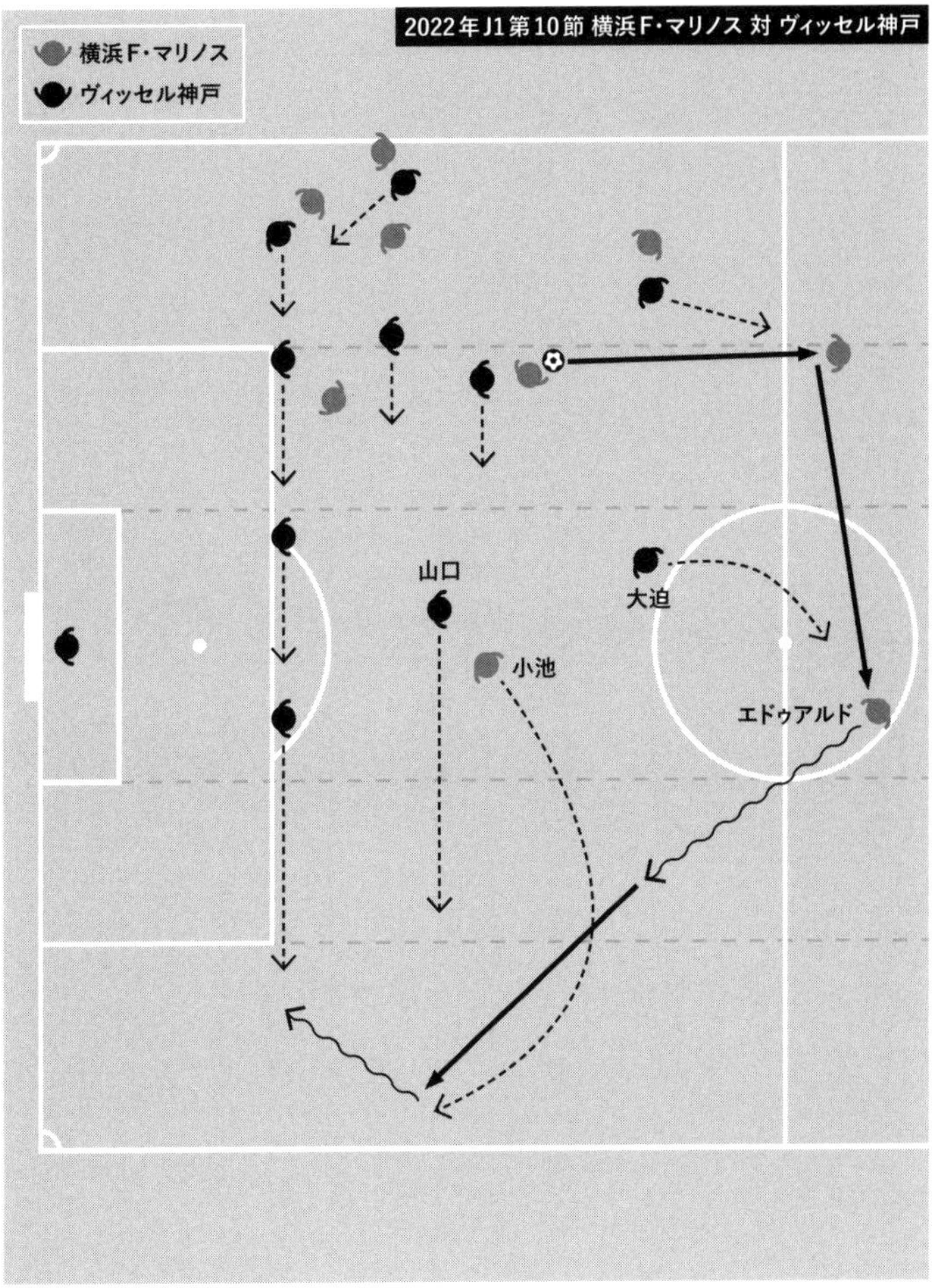

図4：ヴィッセル神戸の悪例

が統制されていない時間が長く、その隙を突かれています。一方で、横浜FMは大きく空いた前のスペースへDFエドゥアルド選手が躊躇なくドリブルし、左SBの小池裕太選手はエドゥアルド選手へとパスが渡るや否や素早くワイドのポジションを取り、十分なスペースを確保し縦へのドリブルを素早く仕掛けます。この横浜FMの一連の攻撃はJリーグのボール非保持時の悪しき特徴を見事に突いている攻撃だと言えます。

この神戸のようにプレス↓陣形整備に時間がかかる大きな理由としては、そもそもこのような論理を持っておらず、加えてこれまでの「野球的なサッカー」が生んでいる弊害とも言えるでしょう。ボールを奪ったら第一にボールを大事にするため、バックパスをし、その距離も長く深いものに。さらにパススピードも遅く、遅攻を正義としてしまうサッカー……。カテゴリーに関係なく試合中によく「慌てるな！」という声を聞くことはないでしょうか？　その「慌てない攻撃」は、実は相手に対し陣形を整える時間を十分に与えてしまっているのです。仮に横浜FMがこのように攻撃していたならば、神戸は慌てることなくゆっくり無意識的にボールを目の前に置き、プレスをスタートさせることができたでしょう。

では、神戸の改善点はどこにあるのでしょうか。柏レイソル対京都サンガF.C.の別のワンシーンを抜粋し、ヒントを考えましょう。13分40秒、前述したゴールが決まり、柏のキックオフからの再開。キックオフでは当然11人がボールより後方に立ち、陣形を整えた状態からスタートするので、プレスはしやすくなります。キックオフでボールを下げた柏に対し、京都は素早くボールに対し前面からアタックを仕掛けます。一方、柏はアタックの波が押し寄せてくる中、ペナルティエリア中央付近でボールを受けた左CB古賀太陽選手がうまくボールを処理し、京都のプレスを掻い潜り、大きく開いた左WB三丸拡選手にパスを出します。この前線からのプレスが外されたあとのプレーが重要です。敵陣にいた京都の7人の選手たちは素早くダイアゴナルに落ち、ボールの後方に立ちます。そして再びボールに前面からアタックする態勢（「Vorwärtsverteidigungsbereitsschaft：フォアヴェアツフエアタイディグングスベライシャフト」）を取りました。その結果、大きく開いた三丸選手は10メートル弱程度しかボールを前進させることができず、再び古賀選手へとバックパスをせざるを得ませんでした。京都はダイアゴナルに落ちたことによって、その後退を誘発させたのです（図5）。

京都のプレス→ダイアゴナルの帰陣→陣形整備の速さ、また、バックパス後のMFのボールに対するオリエンテーションは素晴らしいものでした。ボールの局面によって各々のポジションがダイナミックに関わり、しかも単独ではなく11人全員が連動しています。人、スペースではなく、ボールに対してオリエンテーションするからこそ、その形がアメーバのように絶え間なく変化する「ＢｏＳ的プレス」が可能になるのです。「Ordnung」は決して陣形を保つための様式美的な消極的守備ではなく、そこから主導権を握って効果的にプレスにいくためのス

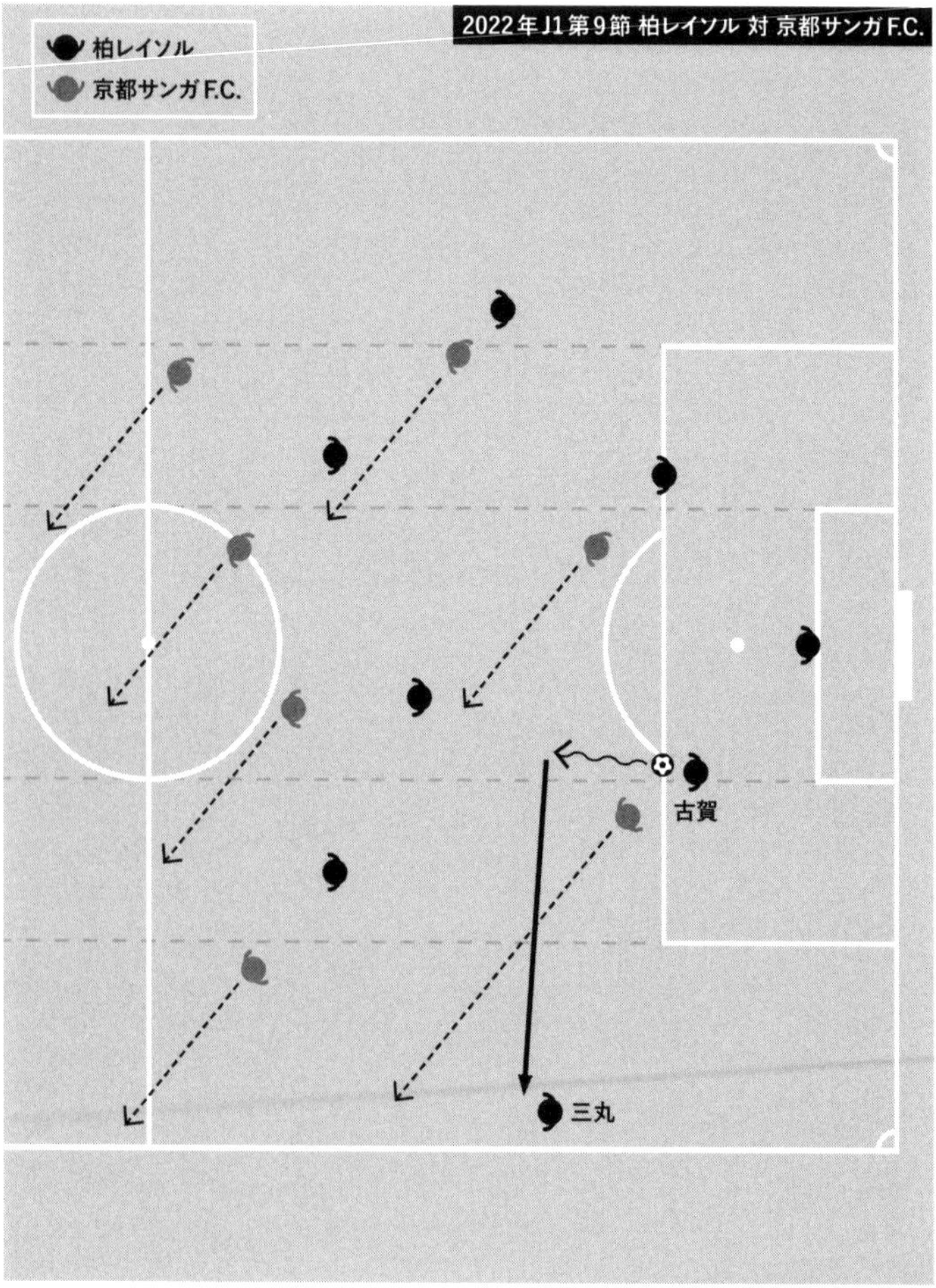

図5：ダイアゴナルの帰陣

タートポジションであるのです。

察しのいい読者のみなさんは神戸の改善点が見えてきたと思います。神戸の位置は京都に比べて低いため、チーム全体のダイアゴナルの帰陣はそれほどダイナミックである必要はありません。この場合、FWはボールを後追いするのではなく、バックパスをされた瞬間にそのボール位置とポジションの距離を考え、素早くダイアゴナルに帰陣します。11人全員がボールより後方に陣取りコンパクトに整え、CBに対し簡単にドリブルを許すべきではありません。また、FWより比較的時間があるMF、DFのボールへのスライドが遅いのも気になります。特にFW大迫勇也選手のボール保持者（エドゥアルド選手）へのアタックが悪いため、唯一ボールに正対できていたMF山口蛍選手の小池選手に対するアタックも後手を踏みます。この2対2の状況は神戸にとって非常に分が悪いと言っていいでしょう。京都のようにバックパス、または横パスを誘発させ、陣形を整え強固なスタートポジションを整えて、簡単に自陣ゴールへの侵入を許さない、これこそ神戸がやるべきことだったのではないでしょうか。

以前からJリーグにおけるプレス→帰陣→陣形整備の構造が気になっていたため、本章も本来伝えるべきところまで到達することができませんでした。曖昧なプレス、曖昧な帰陣、曖昧な陣形ではもはや現代サッカーには通用しません。次章では「Der Kreislauf des Ballgewinnspiel」の左側部分も含めた1周分を説明したいと思います。

5

「Der Kreislauf des Ballgewinnspiel: ボールを奪うプレーの循環」

「BoS(ベーオーエス)理論」における「Ballgewinnspiel」の
1周分が完成するまであと少しだ。
「Der Kreislauf des Ballgewinnspiel:ボールを奪うプレーの循環」の
左側部分(「BoS的ゾーンディフェンス」)に突入し、
ようやく「Ballgewinnspiel」が一つの環となる。

計画が未遂に終わった場合は次のプレスの準備作業に入る

本書で提唱している「ＢｏＳ（ベーオーエス）理論」は、ボールに対してオリエンテーション（方向づけ）し、サッカーの局面を一般的な4局面で区切るのではなく、2局面で捉えるということです。それは①ゴールを奪う攻撃と②ボールを奪う攻撃……つまり、「ＢｏＳ理論」において特徴的なのは、ボール保持時、ボール非保持時にかかわらず基本的に常にアタックし続けている「常時攻撃態勢」であり、その目的はゴールを奪うことにあります。例えば、「Ballgewinnspiel（バルゲヴィンシュピール：ボールを奪うプレー）」では、「即時奪回」だけではなく「即ゴール」も念頭に据えて、どこでどのようにボールを奪うかが焦点であり、これがいわゆる守備→ポジティブトランジション（守→攻）という局面を一体化する概念とも言えるのです。

ありがたいことに、さまざまな方たちが「ＢｏＳ理論」に興味を持ってくださり、貪欲に学ぼうとする日本のサッカー関係者が数多くコンタクトしてくれるようになりました。そのうちの一人が元大宮アルディージャの監督、霜田正浩氏（現在は松本山雅ＦＣの監督）です。霜田氏は「ＢｏＳ理論」をより深く知りたいと、２０２２年7月上旬に私が住んでいるドイツにわざわざ足を運んでくれ、貴重な意見を頂戴しました。どう守るのか、どう攻めるのかを明確に切り分けた「野球的サッカー」ではなく、サッカーの局面をシームレスに捉え、「ゴールに結びつけるためにどのようにボールを奪うのか」という共通意識を持ち、さまざまな観点から意見交換をすることができました。指導者としての探求心から日本を飛び出し、単独でドイツに足を運んで学ぶその姿勢に敬服し、私も日々謙虚に精進したいと思った次第です。

また、同じ時期にとある高校を卒業した日本人選手がドイツのクラブにテストを受けにやってきました。ブンデスリーガに所属するU－23の2チームの練習に参加し、パフォーマンスは高い評価を得ることができた一方で、言葉の面で非常に厳しい評価を受けました。Jリーグで活躍し、日本代表の実績がある選手を海外クラブが欲して獲得する場合なら、ある程度言語の部分で大目に見てもらえることがあっても、それ以外の選手で一定レベルのクラブに練習参加するためには言語は必須になります。戦術が複雑化する現代サッカーにおいて、試合はもちろんトレーニングでも監督とコミュニケーションが取れないと厳しいのは当然です。いまだに「サッカーさえうまければなんとかなる」と考えている選手がいるならば、その考えは即刻改めたほうがいいでしょう。

練習参加が終わって少し時間が空いたので、私が普段プレーしているオーバー40のチームの練習に彼を連れていきました。ハーフコートで行われた8対8の試合で、彼は「ドイツのサッカー文化」を学ぶことになります。日本においてもドイツにおいてもサッカーは楽しいスポーツ、その価値観に変わりはありません。しかし、プレス同様に、強度は日本とドイツとでは圧倒的な違いがあります。彼はオーバー40の練習を単なる「遊び」と捉えていました。すると、先日の練習参加では高いパフォーマンスを示していた彼が、「たかがおじさん」の選手たちに対してパスミスを繰り返し、挙げ句の果てには球際のルーズさからカウンターを受け、チームメイトから「なぜデュエルしないのか?」と批判される始末となりました。

ドイツにおけるサッカーは、100%自分の持っているものを出し勝敗にこだわりながら楽しむものであり、カテゴリーを問わず「戦って勝利を目指す」営みです。そして、その価値観こそがドイツに浸透するサッカー文化と言えます。そもそも「サッカーの捉え方」が違うと言わざるをえません。将来がある彼にとっては、ブンデスリーガのU－23の練習参加よりこちらの草サッカーのほうがためになったのではないでしょうか。

前振りはほどほどにして、前章では前線からプレスまたはゲーゲンプレスを実行し、それが成立しなかった場合、剥がされた選手たちは漠然とただボールを追いかけるのではなく、ボールに対し後方に位置し前向きな状態を作ることで、正面からのオリエンテーションを可能とする「Ordnung（オールドヌング：陣形を整えろ!!　陣形の秩序を保て!!:）」を形成する重要性を説きました。

ボール非保持時において、特に敵陣であればボールに対し正面から積極的にアタックしボールを奪い、ゴールに向かう。この計画は優先的に実行すべきでしょう。ただ、この計画が実行できなかった場合は、きっぱりと諦め次のプレスを発動させるための準備作業にいち早く入る必要性があります。局面を剥がされたにもかかわらず、当初の計画に対する未練を持ちながら、漠然かつボールを後追いしズルズルといったとしても、それは相手に侵入すべきスペースをプレゼントしてしまっていると言っても過言ではありません。

そこで本章では、「Der Kreislauf des Ballgewinnspiel（デア・クライスラウフ・デス・バルゲヴィンシュピール）：ボールを奪うプレーの循環」（図1）の左側部分である「BoS Raumverteidigung（ベーオーエス・ラウムフェアタイディグング）：ＢｏＳ的ゾーンディフェンス」を含めた循環図の1周分を、２０１９－20シーズンのＵＥＦＡチャンピオンズリーグ決勝（パリ・サンジェルマン対バイエルン・ミュンヘン）の一戦から説明したいと思います。

「Ordnung」が完成すれば再びプレスにトライできる

まずは3分40秒のシーンです。バイエルン・ミュンヘンのＧＫマヌエル・ノイアー選手からビルドアップが開始され、最終的に左ＳＢアルフォンソ・デイヴィス選手から前線のＭＦトーマス・ミュラー選手に送ったパスは通りませんでした。ここで注目すべきはミュラー選手の動きです。このパスが通らないと察するや否や、ミュラー選手は逆サイドのＭＦセルジュ・ニャ

図1：「Der Kreislauf des Ballgewinnspiel：ボールを奪うプレーの循環」

ブリ選手に対してすぐさま中央に絞るように指示をしています。ゲーゲンプレスの旗手となるミュラー選手の特徴的なプレーだと言えるでしょう。ミュラー選手自身はＧＫへのパスコースを切り、次の横パスをニャブリ選手に狙ってもらうという絵を瞬時に描いていました。最終的にニャブリ選手はそれには間に合わず、中央のパスコースを消しますが、ニャブリ選手の立ち位置を見たミュラー選手は間髪入れずに判断を変え、連続的にボール保持者にアタックします。ミュラー選手のプレスにおける的確かつ連続的なプレーインテリジェンスが窺えるシーンでした。

ニャブリ選手が中央に絞ったことで縦パスは回避できましたが、スムーズにサイドチェンジされてしまいます。そこでニャブリ選手はボールと自身の距離を論理的に捉えアタックをやめ、ボールをただ漠然と後追いせず斜め後ろ方向に帰陣しながらパリ・サンジェルマンの左ＳＢファン・ベルナト選手が持つボールに対して正面から対応します。さらに、チーム全体としても、「ＢｏＳ的帰陣」（「Fallen：ファレン」）によりボールサイドで数的有利を作り出し、簡単に前進をさせていません。プレスを行うにあたってプレスを破壊する相手のプレーであるロングフィードは避けたいところですが、しっかりと正面に立つことによってコントロールされたロングフィード、または、縦パスは回避することができています（図2）。

加えて、ＰＳＧのＦＷキリアン・ムバッペ選手に入ったボールに対しても右ＳＢヨシュア・

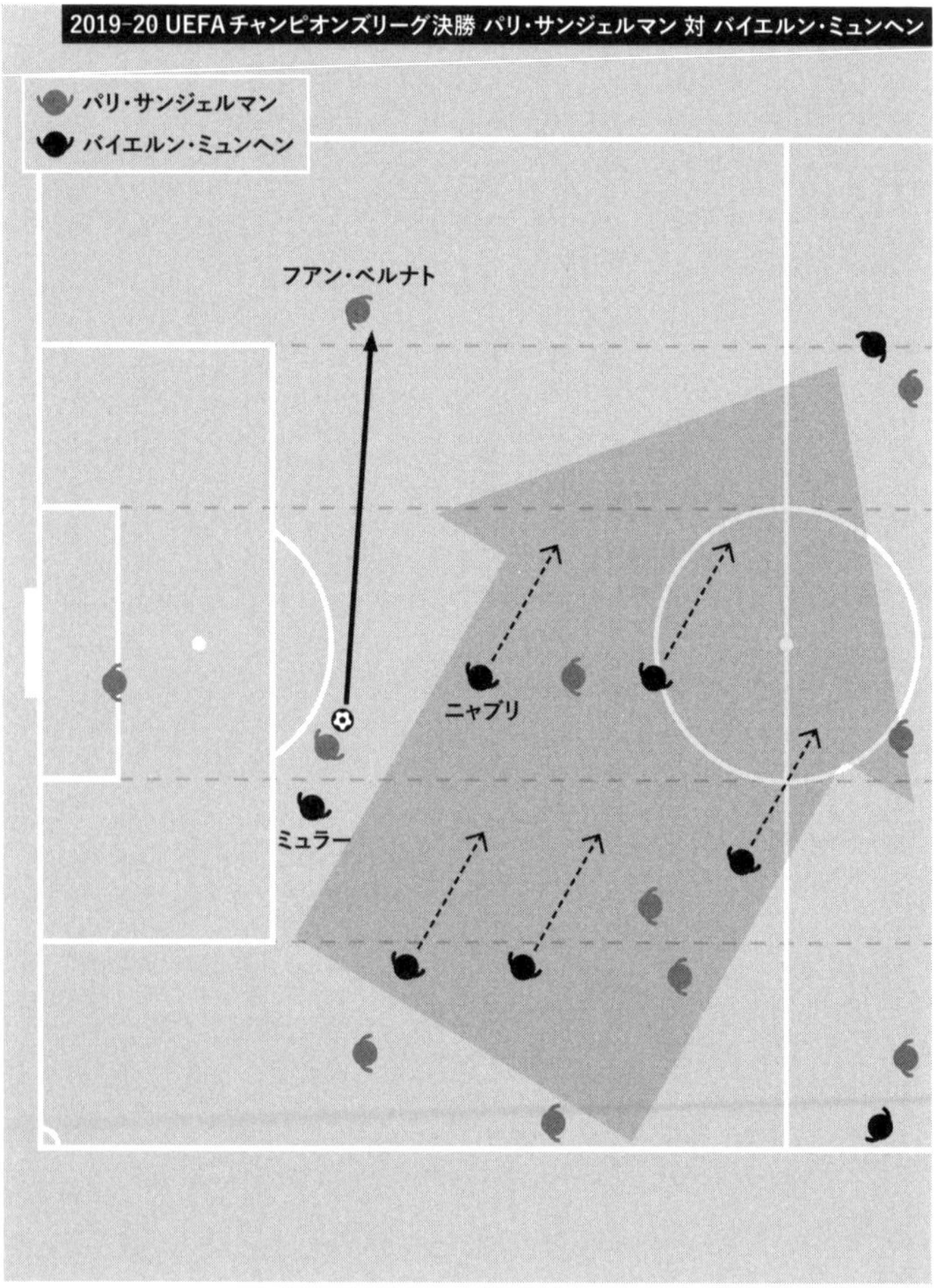

図2：バイエルン・ミュンヘンの「Fallen」

キミッヒ選手が前方向にタイトに寄せ、連続的にニャブリ選手とMFレオン・ゴレツカ選手がアタックに加わります（「Dazukommen：ダーツーコメン」）。この一連の連動でバックパスを誘発し、チーム全体としてコンパクトな陣形を強固にして何度も何度も正面からアタックし続け、バックパスを誘発し続けています。

このシーンで特筆すべきなのはミュラー選手です。ミュラー選手は最初にボールを失った局面から、連続的に効果的なスプリントを続けています。この間にほぼ足を止めていません。プレスの先導役として常に方向づけ（「Steuern：シュトイアン」）を行っているのです。連続的かつ的確なインテリジェンス溢れるプレスを行えるミュラー選手だからこそ、バイエルンにとってもドイツ代表にとっても欠かせない存在になっているのでしょう。そのようにしながらチーム全体としてバックパスを誘発させ、DFプレスネル・キンペンベ選手にボールが渡った時点で、バイエルンの11人はボールよりも後ろに位置することになり「Ordnung」が完成します。つまり、「Ordnung」が完成することで、バイエルンは再びプレスにトライすることができるのです。

いよいよ次のシーンから「Der Kreislauf des Ballgewinnspiel」の左側部分に入ります。バックパスを受けたキンペンベ選手はバイエルンのパワフルなプレスを浴びる中、落ち着いてボールを保持し、あえてワンテンポ置くことでミュラー選手を引き寄せ、GKケイロル・ナバス選手にパスを送ります。キンペンベ選手の計らいによって時間に余裕が生まれたナバス選手はDFチアゴ・シウバ選手にパスを送りますが、キンペンベ選手の作り出した「貯金」はチアゴ・シウバ選手にはほんの少ししか与えられません。FWロベルト・レヴァンドフスキ選手の正面からのアタック（「Vorwärtsverteidigen：フォアヴェアツフェアタイディゲン」）により、PSGの右SBティロ・ケーラー選手にボールが渡ると同時にMFキングスレー・コマン選手はジャストタイミングでアタックし、オリエンテーションすることに成功します。このとき、チアゴ・シウバ選手に対するレヴァンドフスキ選手の正面からのアタックでパスが出ないであろうカバーされる影（「Deckungsschatten：デックングスシャッテン」）は非常に大きなものとなり、コマン選手にとっては次なる狙いどころが明確に絞られていたため、迷いなくボールに対して正面からアタックすることができました。したがって、跳ね返ったボールは相手ゴール方向へこぼれます。これもまたプレスによってゴールに結びつけるための一つの戦略だと言えます（図3）。

ところで読者のみなさんは、このようにボールを奪えそうな光景を目にし、よく「ハマっている」と表現していませんか？「ハマっている」とは、自チームのプレスによって相手が不利に立たされている状況です。またはもう少しプレスをかけるとボールが奪えそうだという状況を感覚的に「ハマっている」と表現しているのかもしれません。実はみなさんが感覚的に多用しているこの「ハマっている」という言葉にも、「ジャストタイミングのアタック」という

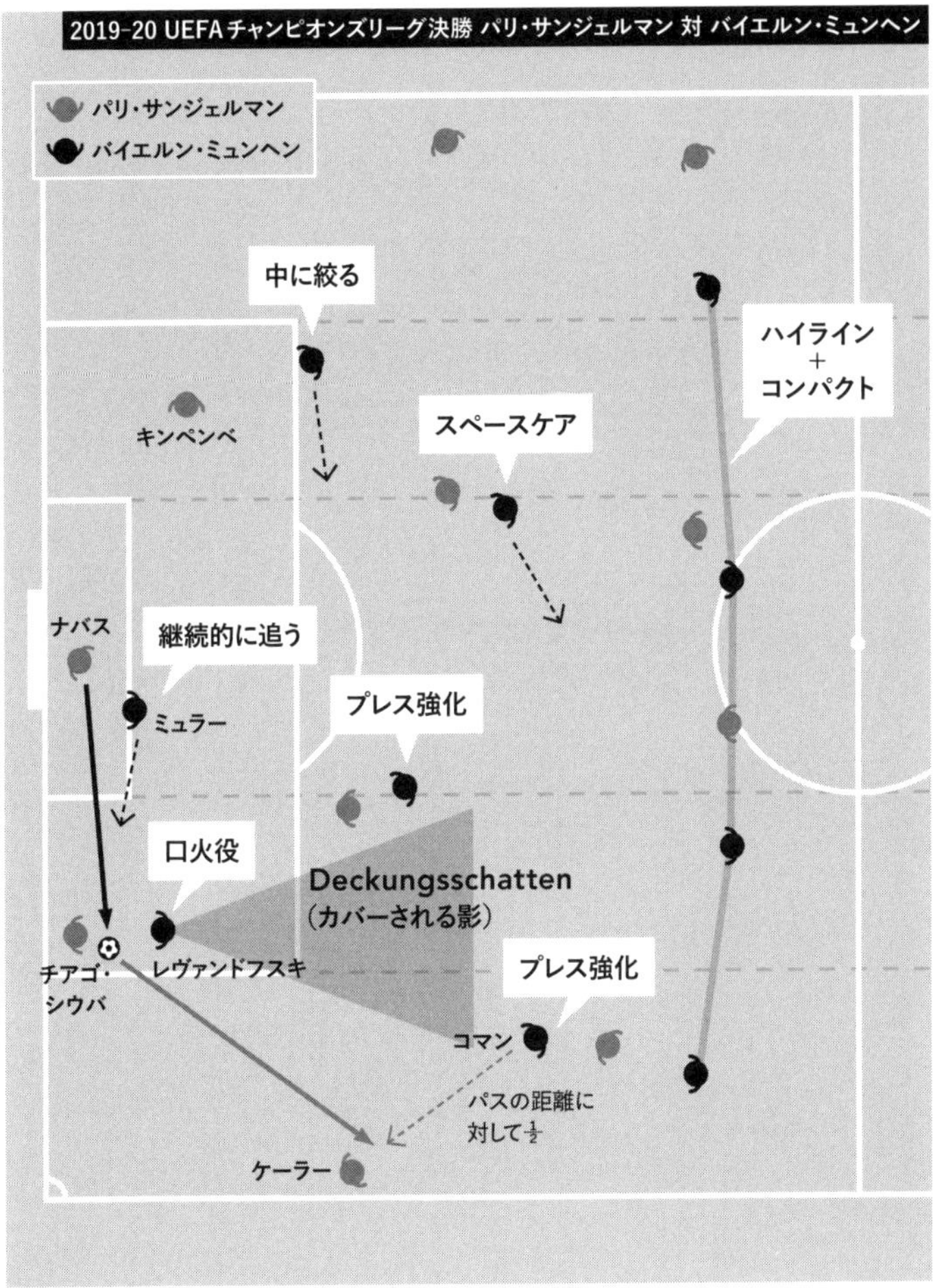

図3:「BoS的ゾーンディフェンス」

概念が論理的に定義されており、それを可能にする条件が存在します。

相手のミスを誘発させるための「ジャストタイミングのアタック」

では、「ジャストタイミングのアタック」とは、どのようなシチュエーションなのでしょうか？「ジャストタイミングのアタック」を成立させるためにはどのような条件が必要なのでしょうか？それは、バイエルン・ミュンヘンのMFキングスレー・コマン選手が行ったように、ボールが相手に到達すると同時にアタックする選手自身も相手に到達している状況こそが、「ジャストタイミングのアタック」となります。そして、この「ジャストタイミングのアタック」を可能にする基本的条件、目安とは、プレスをかける選手の移動距離がパスの距離に対して2分の1であることです。

先ほどのシーンでMFトーマス・ミュラー選手がMFセルジュ・ニャブリ選手に中に絞るよう指示し、ニャブリ選手は中に絞り左SBフアン・ベルナト選手へ展開されたボールに対し、「距離を鑑みてアタックすることをやめ、斜め後ろ方向に帰陣し正面から対応……」というシーンがありました。このシーンではまさに、「ジャストタイミングのアタック」を可能にするポジショニングであるかどうかの検討をニャブリ選手自身が行っていました。ニャブリ選手は同シーンで、パスの距離に対し自身の位置が遠いと認識し、後追いになるようなプレーは選択せず、帰陣する判断へと瞬時に切り替えます。この「いかない」英断は素晴らしいものでした。コマン選手の「ジャストタイミングのアタック」によって、ボールはゴール方向へとこぼれていきます。そのボールをFWロベルト・レヴァンドフスキ選手が拾い、中央に待ち構えるミュラー選手にパスが通れば、「ボールを奪う攻撃」から「ゴールを奪う攻撃」へと結びつく理想的なシーンとなり得ましたが、残念ながらレヴァンドフスキ選手はボールの憶測を見誤りボールをロストしてしまいました。

ロストしたボールはDFチアゴ・シウバ選手へと渡りますが、ボール際への密集によって、チアゴ・シウバ選手はクリア（コントロールされていないロングフィード）を強いられて、CBダヴィド・アラバ選手がボールの渡ったFWアンヘル・ディ・マリア選手にタイトに対応します。DFラインが「BoS的リスクマネジメント」でしっかりと敵陣でハイラインを取っていたことも見逃せません。そうすることでカウンターの起点を作らせないのです。また、MFチアゴ・アルカンタラ選手、MFレオン・ゴレツカ選手、DFアルフォンソ・デイヴィス選手もクリアされたボールが自身たちの頭上を越えると同時にプレスバックし、ボール際でコンパクトに数的優位を作っています。ディ・マリア選手のポストプレーのミスを誘発させ、ボール奪取に成功しました（図4）。

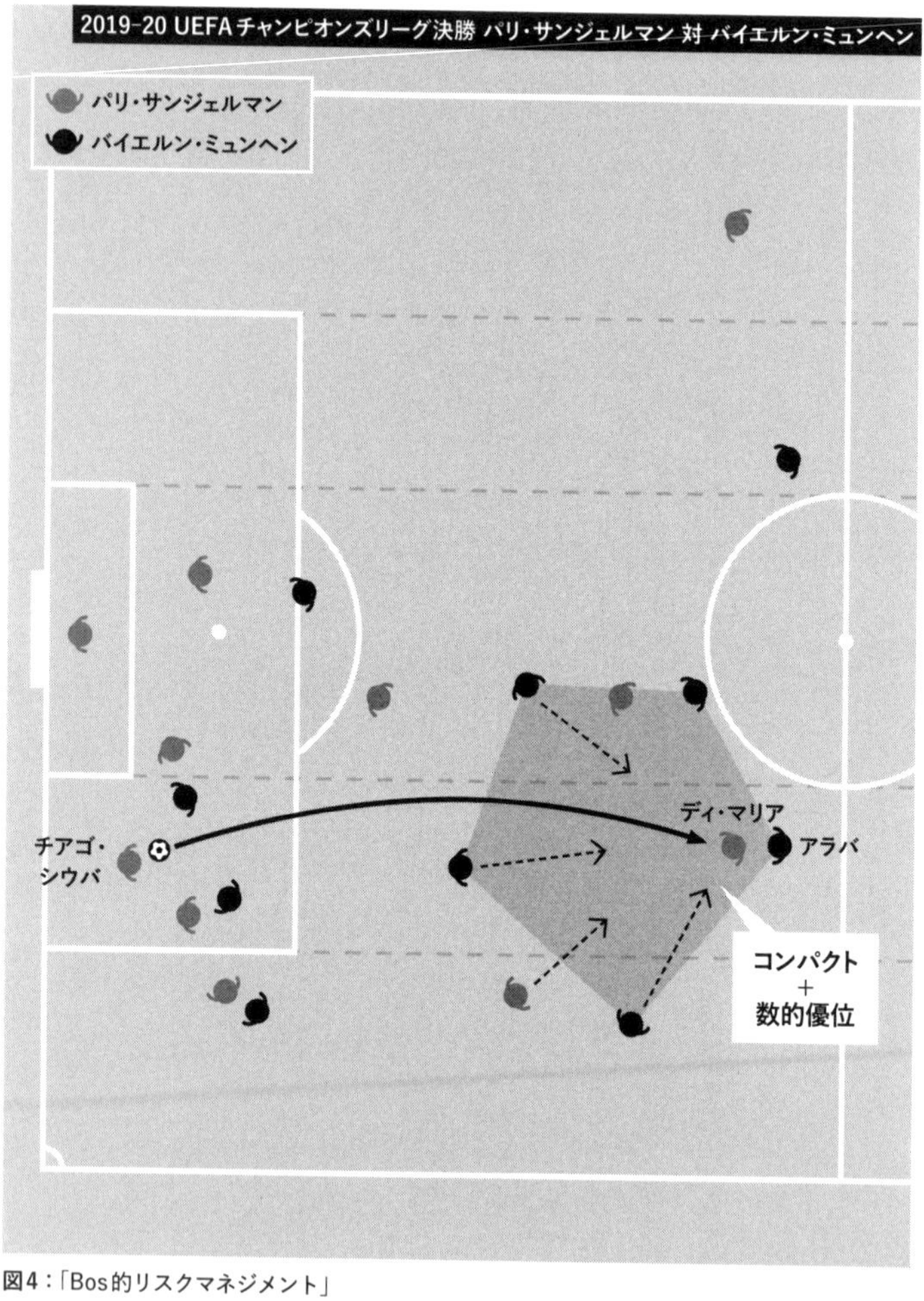

図4：「Bos的リスクマネジメント」

「ミスを誘発させる」。「Ordnung」からプレスを仕掛ける目的は、まず大前提としてボールを奪うこと。そしてボールを奪うために重要になってくるのが、プレスによって相手のミスを誘発させることとです。一見、相手の偶然的なミスによってボールを奪ったように見えるシーンでも、必然的にミスを誘発させてボールを奪っているシーンがあります。主導的にプレスを仕掛けるチームによる強度の高い論理的なプレスを90分間受け続けると、脳疲労を起こし高精度な判断と技術発揮はより難しくなります。それゆえ、必然的なミスが増えていくということです。つまり、必然的にミスをさせるように追い込んでいくことが大事であり、そのミスを誘発させるために「ジャストタイミングのアタック」をいかに多く創出できるかが最大のポイントとなります。「弓を引く」ようにプレスの「先導役」がオリエンテーションをし、放たれた「一の矢」がプレスの「口火役」となり、「二の矢」「三の矢」とボールに対し正面からアタックし続けることでじわじわと追い込み、「ジャストタイミングのアタック」を創出するのです。

また、この一連のシーンでバイエルンは、非常にクリーンな形でボールを奪いました。プレスを壊すプレーとして、先ほどもロングフィードは回避すべきだと述べましたが、それと同時にプレスを台無しにするファウルも避けなければいけません。

例えば右サイド（DFヨシュア・キミッヒ選手とFWキリアン・ムバッペ選手）では、ボール際で不用意にファウルをせず前進させない。左サイド（コマン選手の「ジャストタイミングのアタック」のシーン）でも、十分にコンパクトな陣形が形成されており、なおかつ的確なタイミングでのプレスを行えているので不用意にファウルをしない。ボールをロストしたレヴァンドフスキ選手も、後ろの選手たちがハイラインを保ったリスクマネジメントをしていることを信じ、チアゴ・シウバ選手に対し不用意なファウルをしませんでした。プレスが成立しているときにファウルをしてしまうと、それは非常にもったいないものとなり、プレスを台無しにしてしまうのです。

ただ、何度もプレスを剥がされ失点の危機を招きそうな場合であれば、ファウルを実行すべきタイミングもあります。そういった意味でも、バイエルンのインテリジェンス溢れる「Der Kreislauf des Ballgewinnspiel」は、プレスを台無しにするファウルをしない駆け引きと戦略が数多く散りばめられていたいい例だったと言えます（図5）。「先導役」の制限によってプレスのきっ

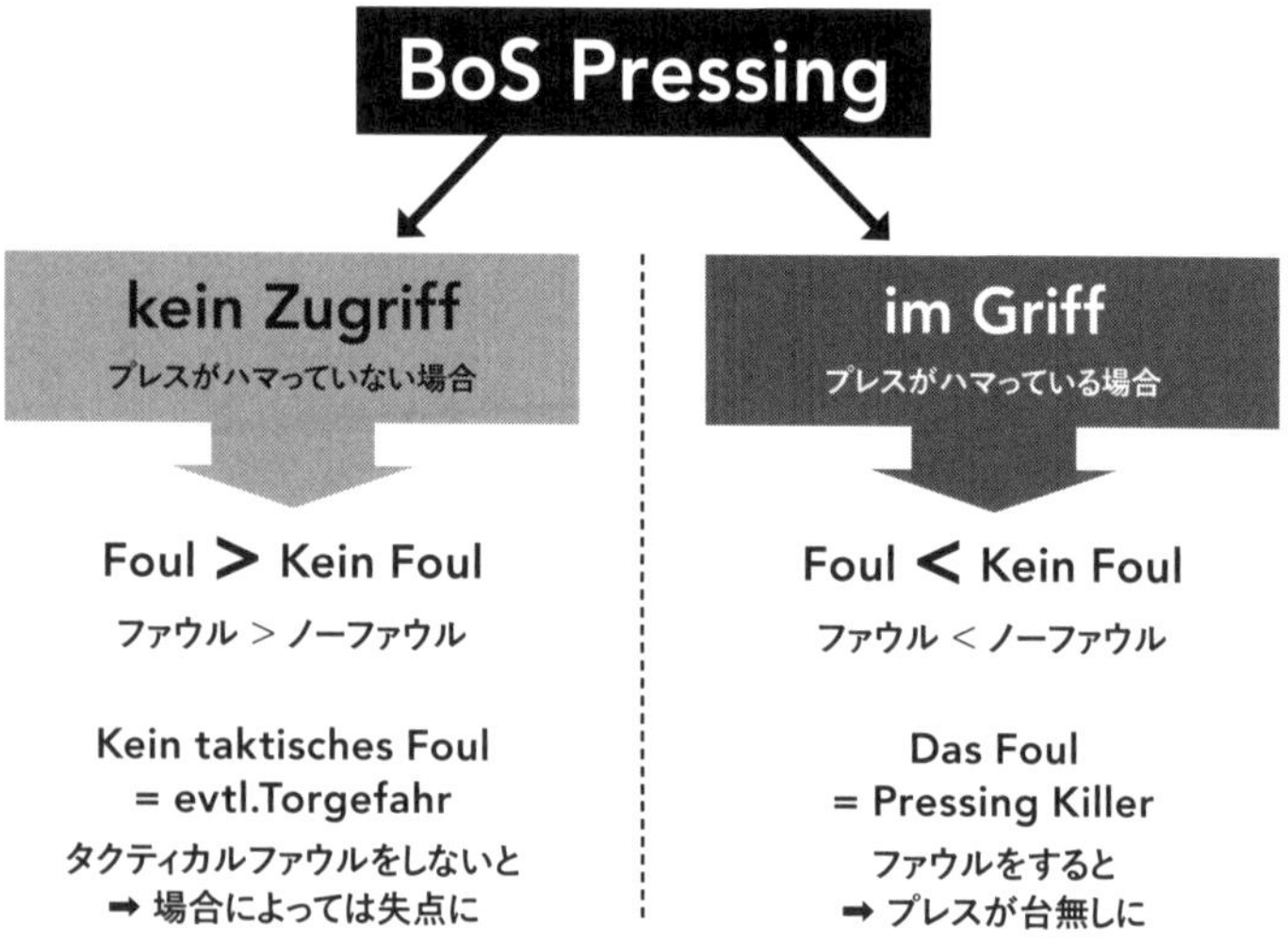

図5：タクティカルファウルと不用意なファウル

かけが作られ、「口火役」の「一の矢」でできる「Deckungsschatten」を考えて「二の矢」が猛然とアタック、それを後方のＭＦ、ＤＦラインがコンパクトさを持ってサポート、できるだけ早い段階でジャストタイミングでボールにアタック、という流れです。

ＦＣ東京はプレスラインの設定とプレスの「口火役」が不在だった

このバイエルン・ミュンヘンのプレスと対称的なシーンとして、２０２２年Ｊ１第21節、浦和レッズ対ＦＣ東京の試合終盤のプレーが挙げられます。87分37秒、浦和はスローインから10本のパスをつなぎ、ラストパスが決まらなかったものの、ゴールチャンスを作りました。もし、ラストパスからゴールが決まっていれば、前章で例に挙げた柏レイソル対京都サンガＦ．Ｃ．戦のように、日本人が特段に好むビルドアップからの得点として称美されていたことでしょう。ここでは、10本ものパスを通されたＦＣ東京のプレスとバイエルンのプレスを比較したいと思います。

まず、浦和のスローイン時のＦＣ東京のプレス開始ポジションは悪くはありません。ちなみに、以前も言ったようにスローインは一度プレーが切れた状態であり、当然「Ordnung」はしやすく、プレスをかける一つのいいタイミングです。海外サッカーでよく見られる非常に速いリスタートは「Ordnung」を回避するためなのです。一方、Jリーグではリスタートをゆっくり始める傾向が強く、したがってJリーグに限っては「スローイン＝プレスをかけるタイミング」と共通認識を持つことは、悪いアイデアではないでしょう。

さて、この「Ordnung」までは問題がなかったのに、FC東京はその後すぐに崩れてしまいます。第一の問題はプレスラインをどこに設定するのか？　ということ。スローイン後、GKまでバックパスをされ、それに対して前線の2人のみがアタックし、後方の選手たちはまったく連動していません。コンパクトさがすでになく、ここからすべてが後手に回ってしまいます（図6）。結局、MFトーマス・ミュラー選手のようにプレスを先導するために制限をかけるものの、「口火役」がいつまでたっても出てきません。なんとなく制限のみをかけ続け、ボールの到達と同時にアタックができず、後方からのハイプレスをサポートするポジショニングも見えません（詳細は前章の「BoS的ゲーゲンプレス」の構造）。

しかし、浦和は左サイドで問題なく前進すべきタイミングなのに、自陣でリスクのある横パスを入れ、さらに再びGKにバックパスをし、FC東京に11人がボールより後方に位置するチャンスを再度与えてくれました。ちなみにこの横パスはFC東京の3人（FW渡邊凌磨選手、MF品田愛斗選手、FW紺野和也選手）で取り囲み、ボールを奪えるタイミングであり、奪えていれば数的有利で直線的にゴールにいけるまさにBoS的には狙いどころでした。しかし、残念ながらそれ

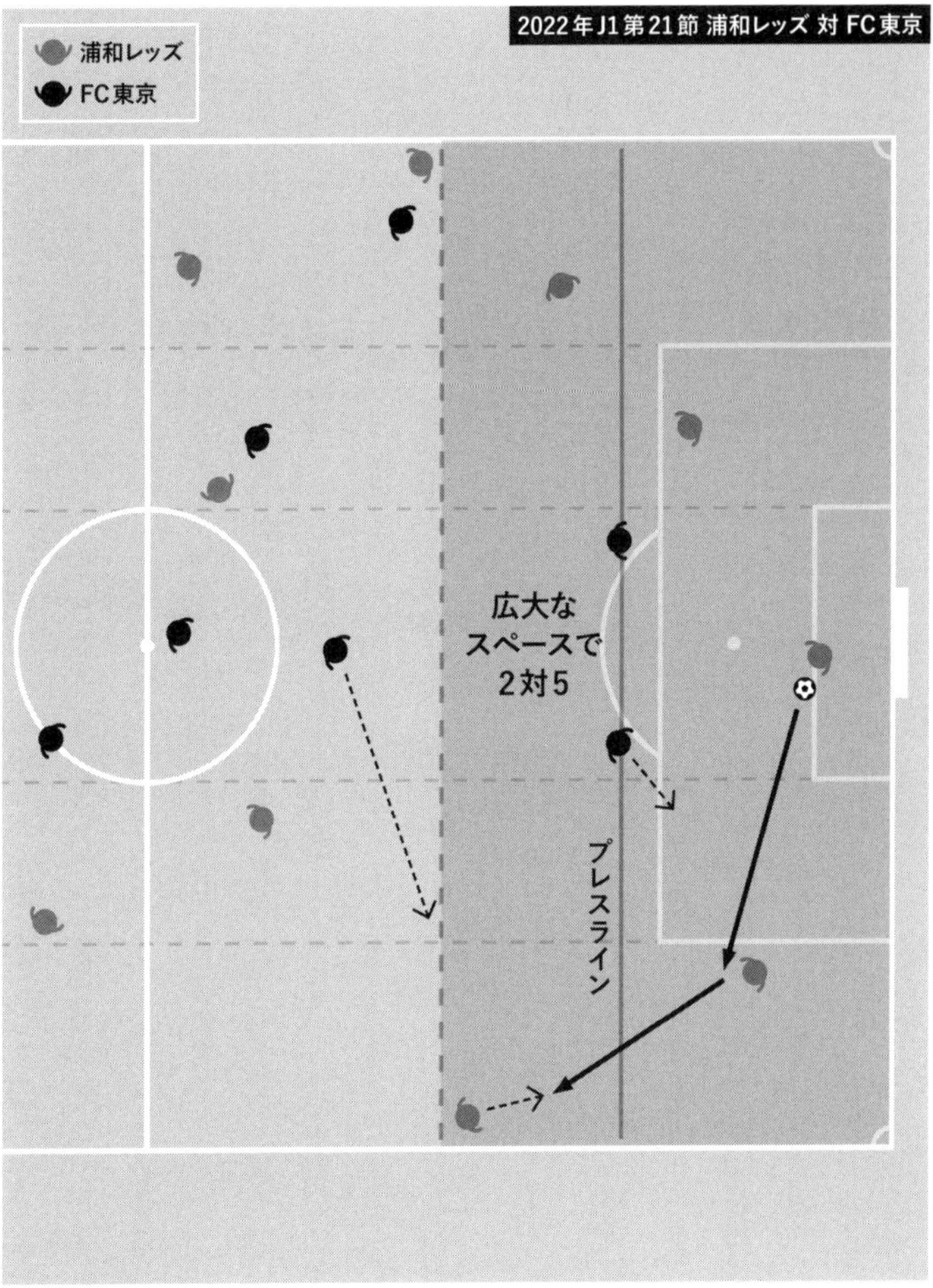

図6：FC東京の悪例1

でも一人ひとりがなんとなく制限をかけるのみで、ダラダラとボールの後を追うにとどまります。そしてまた浦和の左サイドから同じように簡単に展開されてしまいます。すべてが中途半端であり、これでは相手のミスを誘うこともできなければ、当然ボールを奪うことも難しい。FC東京は相手の偶然の大きなミスを待っているだけだと言えるでしょう（図7）。

プレスラインの設定とプレスの「口火役」が不在であるFC東京には、プレスの構造に多くの問題を抱えていることが窺えます。ただ、実はボールを保持する浦和も、FC東京の穴を突き切れていません。浦和は最終的に自陣でのポゼッションから10本目のパスでミドルサード（中盤）への縦パスをつけましたが、もっと早い段階でその縦パスを狙えたシーンがありました。自陣でのポゼッションの目的は何か……。時間帯から考えても、よりセーフティーにリスクをかけずに前進できたはずです。

「巧遅拙速」。孫子の兵法からの四字熟語（孫子ではないという説は一旦置いておきます）は、「BoS理論」においても基本的にはそのように考えます。いくら上手でも遅いよりは、たとえ下手でも速いほうがいい……個人的にはサッカーそのものの根幹をなす言葉であると思うと同時に、日本サッカーと海外サッカーの違いを端的に表す言葉でもあるような気がします。

2022―23シーズンのドイツ・ブンデスリーガ開幕戦、バイエルン・ミュンヘン対フランクフルトは6対1でバイエルンの圧勝に終わりました。ユリアン・ナーゲルスマン監督（現在

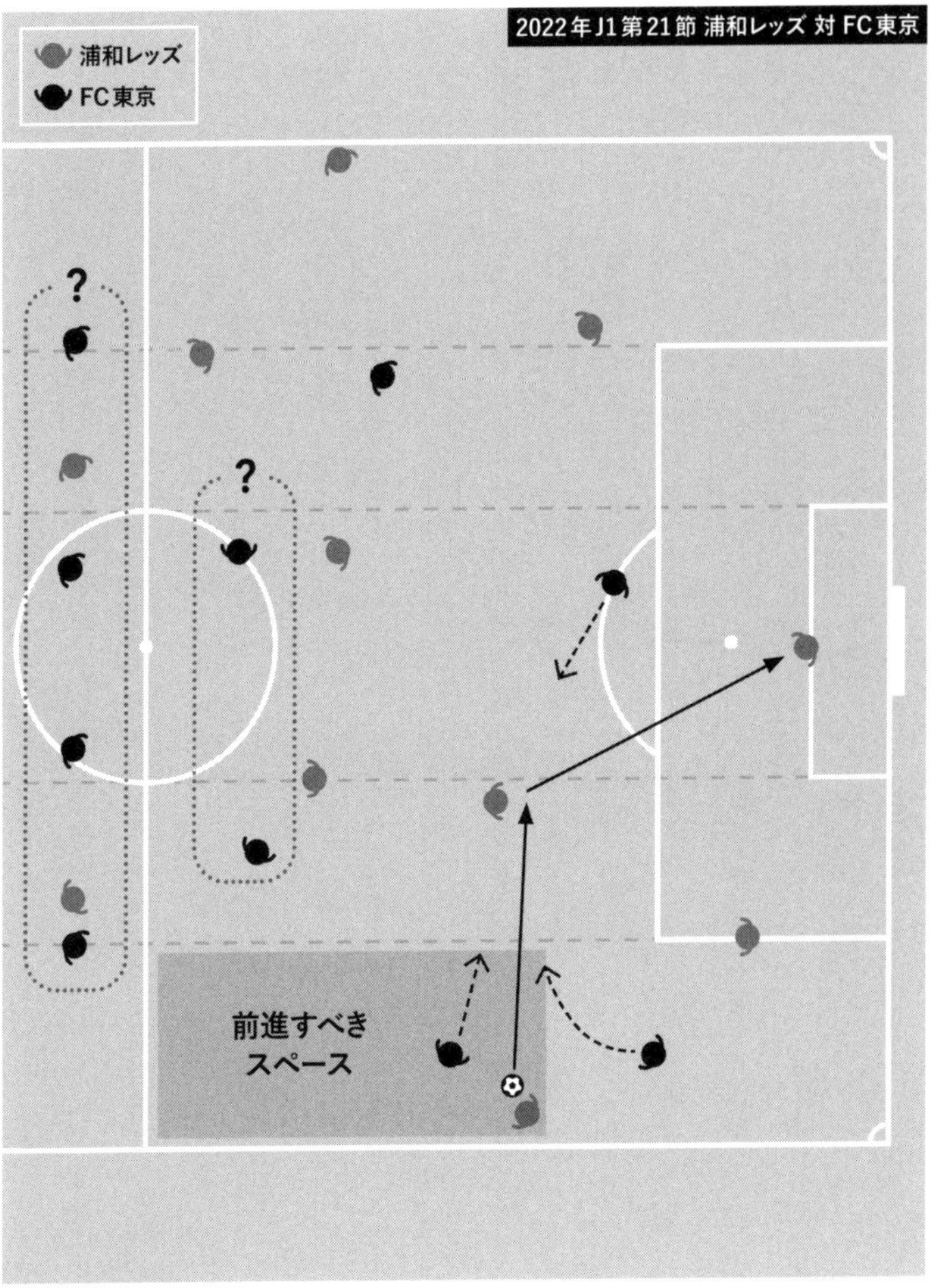

図7：FC東京の悪例2

はドイツ代表の監督）の［１－４－２－２－２］システムの幅を取らない、もっと言えばペナルティエリア幅で直線的にゴールへ向かう攻撃に、21－22シーズンのＵＥＦＡヨーロッパリーグを制したフランクフルトは為す術なしでした。バイエルンのボール保持時は「巧遅」など問題外で、前半だけで5得点を奪った攻撃は「拙速」とも言えない、まさに「巧速」。世界トップレベルの速さに「たとえ下手でも」といった言葉は介在しません。そしてまた、「ＢｏＳ的プレス」の最も模範となる一つの例でもありました。

実は、私はこのシステムこそ、特にボール非保持時において日本人の特性に合うのではないかと考えています。ボール保持時では限定された狭いスペースでうまくボールを扱い、コンビネーションができる「日本クオリティ」を想像するのは難しくありません。そして、ボールロスト直後において、当然、ボール付近に味方選手が群がる状況であり、チーム全体がボールに近いため11人でボールを奪うイメージを持ちやすいでしょう。「様式美の守備」に囚われて結局はボール際で1対1をし、各々が戦況を遠くから見るのではなく、集団で関わり合うことはその集団行動のスタートポジションが明確だけに、日本人が得意とする「チームで戦う」ことをスムーズにしてくれるはず……。ただ、前提条件として、ボール保持とボール非保持におけるる日本的な概念、原理原則、慣習などの大部分の払拭は必要となります。

本章の趣旨とは少し外れるため、このテーマをより深く掘り下げるのは、また別の機会にしましょう。特に私はＦＷ出身だけあって、本章で少しだけ言及したボール保持時、いわゆる攻撃についても言及したいのですが、もう少しだけボール非保持時の話にお付き合いください。次章では、プレスラインが前からではなく比較的低い位置からの「Ballgewinnspiel」について解説したいと思います。

6

中盤における「Ballgewinnspiel」

「BoS(ベーオーエス)理論」の敵陣における「Ballgewinnspiel」は一通り解説した。今度はボールがミドルサードにある場合の中盤における「Ballgewinnspiel」の原則を、具体例をまじえながら説明する。

日本全体のより深い問題はボール非保持時にある

2022年カタール・ワールドカップが冬に開催される関係で、例年より早くドイツ・ブンデスリーガの22－23シーズンがスタートしました。ブンデスリーガ2部が7月中旬から始まり、私は毎週末どこかしらのスタジアムに足を運びました。そして、8月6日に行われたブンデスリーガ1部の開幕戦ボーフム対マインツでドイツサッカーを一旦見納め、その翌日から日本へ一時帰国しました。約3カ月間の日本滞在を終え、今は再びドイツにいます。

今回の一時帰国のメインテーマは、私がシュトゥットガルトに在籍していた時代にトップチームで一緒に仕事をしたエフティミオス・コンポディエタス氏（通称エフィ）を日本の方々に紹介することでした。彼は脳科学的観点からスポーツ選手のみならず、ビジネスマンにもメンタル、パフォーマンスの向上を目的としたコーチングをしています。彼と一緒に観た日本のサッカーは、残念ながら個人的にはこれまでとそれほど大きな変化はありませんでした。一方でブンデスリーガは毎年、何かしらの新しい発見や変化があります。例えば22－23シーズンで言えば、開幕戦でバイエルン・ミュンヘンが見せた衝撃的なプレーなどです。

日本ではJリーグ以外にも、ユース年代の試合を積極的に観に行きました。そこで共通していたことはゴール前のシーンが少ないこと、さらにゴールに直線的（「zielstrebig：ツィールシュトレービッヒ」）ではないこと、この2つです。本書でも何度か指摘しているように、ボール保持時のステレオタイプ（いわゆる「ボールを大事に主義」）から脱し切れていないということです。

また、それとは反対に、前方へのロングボールを多用するチームも出てきました。ただ、それが論理的なロングボールであるかという点では疑わしく、効果的なロングボールは決して多くありませんでした。現代サッカーにおいてロングボールは必要不可欠なプレーであるのは間違いないところですが、「どこでどのように使うか」が重要であり、ノージャッジのキックをロングフィード、パスにしなければ意味をなしません。

もし、論理的ではないロングボールを駆使するチームに負けてしまうケースがあるのであれば、それは守備側のチームに問題があり、前述したようにステレオタイプのサッカーに慣れすぎてしまっている可能性があります。特にＤＦはいわゆる「原始的なサッカー」に対応する能力を再認識してほしいところ。苦言ばかりで心苦しい限りですが、最後にもう一つだけ。ゲームコントロールにおけるインテリジェンスが欠けていることも感じました。エフィもほぼ同じような印象を持っていました。

そういった点を考えても、２０２２年のＪ１で優勝した横浜Ｆ・マリノスは、ゴールを奪うことにオリエンテーション（方向づけ）したサッカーを展開し、ポジションがフレキシブルな攻撃はモダンそのもので、ボール非保持時のプレーもある程度の納得はできました。ただやはり、日本の全体を見ると、より深い問題はボール非保持時にあると考えます。それは局所で1対1をし続けているからです。では、日本人の特徴の一つでもあり、得意であるはずの「グループ行動」を最大限に生かし、効果的にボールを奪い、効果的にゴールに向かうためにはどうすればいいのでしょうか。

サイドへ追い込みサイドでボールを奪う

これまで話してきた敵陣における「Ballgewinnspiel（バルゲヴィンシュピール：ボールを奪うプレー）」と、中盤における「Ballgewinnspiel」とでは原則的に大きな違いはありません。ただ、当然ボールの所在地が違うだけに、留意すべき点はあります。ボールが敵陣深くにある場合、ボールが移動できるスペースは「前方」もしくは「横方向」にありますが、「後方」においてはラインが迫っているので限定されることになります。ボールを保持している側の心理的にも、自陣ゴール付近での横パスやバックパスは否応なしにプレッシャーがかかります。そういった空間的、心理的なことも十分に考慮しながら、極端にボールにオリエンテーションします。

ただ、本章で述べる中盤における「Ballgewinnspiel」においては、ボールがピッチ中央付近にある分、ボールのベクトルは「360度」に広がっています。であれば、ボールを保持していない、つまり奪う側としてはできるだけその選択肢を狭めさせる必要があります。本章では、「BoS（ベーオーエス）理論」と「Der Kreislauf des Ballgewinnspiel（デア・クライスラウフ・デス・バルゲヴィンシュピール：ボールを奪うプレーの循環）」に基づいた、中盤における「Ballgewinnspiel」について説明したいと思います。

はじめにお伝えしたいことは、中盤における「Ballgewinnspiel」の原則は、「サイドへ追い込み、サイドでボールを奪う」ということです。この原則を前提に、いくつかの段階を経て中盤における「Ballgewinnspiel」が完成します。まずはしっかりと陣形を整え（「Ordnung：オールドヌング」）、コンパクトな陣形を形成します。「Ordnung」に関してはこれまでもしつこいくらいに言及してきたので、あえてこれ以上は言及しません。

中盤における「Ballgewinnspiel」のスタートは、基本的にはセンターサークル前方側の2メートルほど前に設定し、その一方で、DFラインはセンターサークルの後方側から2メートルほど後ろに設定します。つまり、プレスラインからDFラインまでの距離がおよそ22メートル程度のコンパクトな陣形を形成することで、柔軟かつ強固な網を張り、そこから中盤における「Ballgewinnspiel」をスタートしていきます。

まず、敵陣にボールがあるので、FW（9番）が深さのコントロールをします。前方へのボールをケアすることによって、浮き球でのライン間のパスや最終ラインの背後へのパスを阻害します（**図1**）。ボール保持者は正面から間合いを徐々に詰められると、当然、横に逃げ道を探り出すので、そのタイミングで横パスをさせるように追い込みます。目の前を横切るボールはアタックしやすく、さらにボールを奪ったあとを考えても、良い状態でボールを奪うことができます。これは横パスのカットを思い浮かべれば、わかりやすいと思います。そして、ここで重要なことは、動き出しのタイミングであり、ボール保持者に対するポジショニングです。

このとき、ワンサイドカットしたＦＷ（９番）は、パスを出されたサイドへとさらに追い込みます。そして、ボールから遠いＦＷ（11番）は相手のボランチをケアし、ボールサイドに近い選手たちは「二の矢」（７番）、「三の矢」（５番）となります。ボールから遠いボランチ（６番）は「二の矢」となったもう一人のボランチ（７番）にオリエンテーションし、そのスペースを埋めます。

中盤で最もボールから遠い攻撃的ＭＦ（８番）は、ボールサイドに寄せた３人のＭＦが空けたスペースをコントロールします。これはいわゆるひっくり返された場合の対応になります。一番避けたいのは自陣でサイドチェンジされ、最終ラインで数的不利になることです。このコントロールはボールの位置（自陣か敵陣か）と状況（プレスがかかっているか否か）によって、当然どこまで中に絞るべきか重点が変わっていきます。

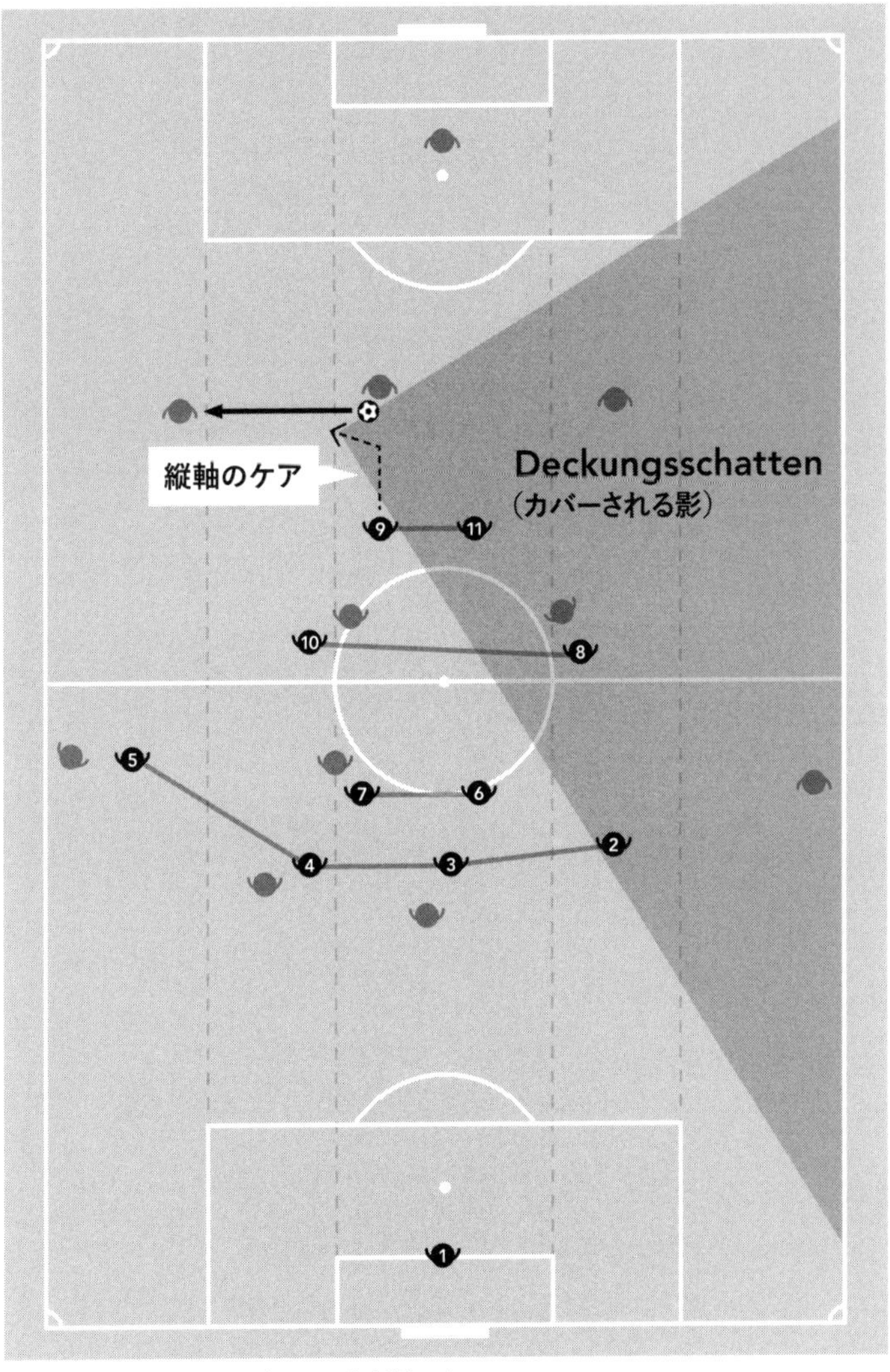

図1：深さのコントロールからのワンサイドカット

個人的には「三の矢」（5番）が重要だと考えています。「口火役」（10番）による「ジャストタイミングのアタック」によって限定され、「二の矢」によってさらにパスコースも限定されており、また、ロングボールが出ない状況を考えれば、前方でカットしやすいポジショニングを取るのが妥当です。この状況下で、背後を恐れ、サイドに張り出す相手の攻撃的MFの後ろという非論理的かつ心情的なポジションを取ってしまうと、このサイドでボールを良い形で奪うことは難しいでしょう。

そして、「三の矢」の左SB（5番）と連動し、DFラインはボールにベクトルを向けながら、セーフティーな最終ラインを形成するためにボールサイドにスライドします。ボールから最も遠い右SB（2番）の役割は前述した攻撃的MF（8番）と似ていますが、フィールドプレーヤーの中で最もボールから遠い選手であり、ひっくり返された場合のファーストDFになり得るので、ボールよりはスペース、逆サイドにいる相手選手たちにより強いオリエンテーションをすることが必要となります。

サイドで数的優位を作るための基準となる「ボールのベクトル」

両CB（3番、4番）はスライドし、できるだけ早く理想的なポジションを取ります。その理想的なポジショニングとは、ドイツ語で「außen überlappende（アウセン・ユーバーラッペンデ）」ポジションと言われ、「außen（アウセン）」は「アウトサイド」、「überlappend（ユーバーラッペンド）」は「重複した」という意味で、直訳すると「アウトサイドに重複したポジション」となります。また、「八重歯」のことも「überlappender Zahn（ユーバーラッペンダー・ツァーン）」と表現しますが、まさに八重歯のように相手FWに対しマークにつきます。つまり、自陣から見てアウトサイド気味、かつ重なり合うようにケアをするということです（図2）。

左SB（5番）のポジショニング、そして両CB（3番、4番）のポジショニングはまさに「BoS的ポジショニング」と言えます。この「八重歯ポジショニング」は、サイドライン際のパス、いわゆるロングラインにボールが出された場合、相手FWより有利なスタートポジションからボールへアプローチができ、最終ラインで良質なボール奪取を見込むことができます。最後尾のGK（1番）は深さをコントロールするため、ボールの位置、状況に応じたポジショニングを常に取らなければなりません。これが以前よりGKの走行距離が長くなった要因の一つでしょう。ボールが中央付近にある場合、ペナルティエリアから飛び出すのか、手で処理するのか、難しい判断が常に課せられます。

このように、サイドで数的優位を作り、相手をスペース的かつ時間的により追い込むわけです。さらに一つ付け加えたいのは、ボール際での数的優位の作り方です。数的優位を作るため

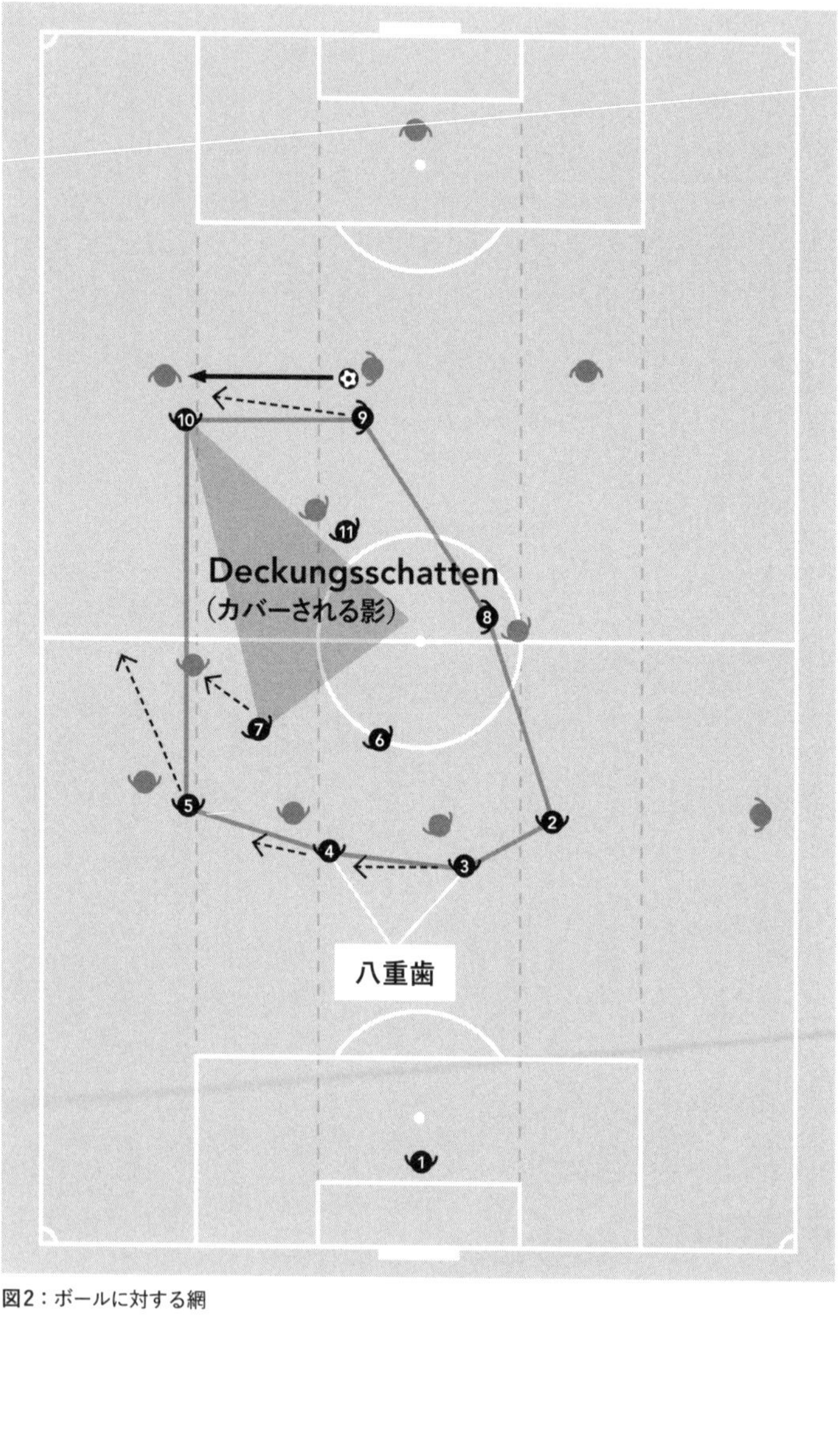

図2：ボールに対する網

には、自分がマークしている選手をどこかのタイミングで捨てなければいけません。

そして、そのタイミングの基準となるのが、「ボールのベクトル」です。ボール保持者がボールのベクトルを横方向、もしくは後方に向けた場合、ボールは前方に来ません。さらに、プレーが限定される状況を見定め、数的優位の圧を強めます。集団でのボール奪取には必要なプレーであり、奪えたなら当然、今度はボール保持時において数的優位になることができます。

ボールのベクトルによって、オリエンテーションの度合いは大きく変動します。ボールが敵陣深くにあるならば、人やスペースをあまり気にせず、よりボールに意識を寄せてもよいでしょう。なぜなら、仮にそこで空いたスペースを使われたとしても、自陣ゴールまでかなりの距離があり、失点に直結しないからです。敵陣深くではボールを奪ったときのメリットを選択し、より団子的になることが重要です。

ところで、中盤における「Ballgewinnspiel」の状況はと言えば、相手ＤＦ陣に中央付近までボールを運び込ませているので、相手のゴール前にはポッカリとスペースが空いていることになります。つまり、ボールを運ばせ、誘い込んでそのタイミングでボールを奪えれば、攻撃に転じた際にはゴール前の非常にオープンなスペースを突くことができる、というところまでを理解する必要があります。

ゲーゲンプレスは相手ゴールとの距離が近い分、それと同時にゴール前にはスペースは少なく、相手もいます。一方で、中盤におけるプレスは相手のゴール前にスペースがあることが前提なので、一旦外に追い込み、しっかり縦または外を切ってから限定された中央方向へのプレーに誘い込み、奪う。サイドはサイドでも、より内側でボール奪取できれば、より直線的にゴールへ向かうことができます。例えば、相手のボランチに技術的な問題があるとしましょう。ビルドアップ時にボールロストが比較的多いなど、活かすべきデメリットがあるのであればなおさらで、パスが出た瞬間に襲いかかります。2章で紹介した「Angebot（アンゲボート：狙いどころ）」というコマンドの例の一つです。中央寄りでボールを奪うというプランも、中盤における「Ballgewinnspiel」において一つの武器になり得るでしょう。

「模範的なプレー」をBoS的視点で見ると……

「ＢｏＳ理論」のボール非保持時において、「ゴールを奪うこと」が目的であるということはすでに何度も言ってきました。ただし、自陣にボールがある場合、ボールは相手ゴールとの距離よりも自陣ゴールにより近くなります。したがって、この場合は、「ゴールを奪うこと」よりも、現実的に「ゴールを守ること」（「Torverteidigung：トアフェアタイディグング」）にオリエンテーションします。なぜなら、サッカーはより多く得点したほうが勝つスポーツですが、一方でより失点したほうが負けるスポーツでもあるからです。当然ながら、10点取っても11点取られたら負けになります。

さて、Jリーグの公式SNSは、2022年J1第32節の横浜F・マリノス対ガンバ大阪におけるG大阪の自陣の守備を「模範的なプレー」として取り上げていました。同じように、このシーンをBoS的視点から見ていきましょう。

シーンの始まりは、横浜FMのセンターライン付近のFKからです。そのFKからボールはCBに下がり、G大阪の11人全員はボールの後方に立ち、自陣でブロックを敷いています。自陣でコンパクトに陣形を整えていれば、自動的に深さのコントロールはできていることになります。DFラインとGKの距離が近く、もちろんGKはペナルティエリア内では手を使って対応することができます。したがって、幅のコントロールによりオリエンテーションして、ボールをゴールから遠ざけるために、中盤における「Ballgewinnspiel」の目的同様にサイドでボールを奪いたいところです。ここでは追い込むというよりも、サイドに押し込む、という強い表現のほうがしっくりきます。相手もボールも中には入れさせない、ゴールに近づけさせない、ということです。

横浜FMは後方で何度かボールを回したあと、左CBのエドゥアルド選手はG大阪の最終ライン付近の左サイドに張ったFWエウベル選手に長い距離のパスを通します。**図3**を見てもら

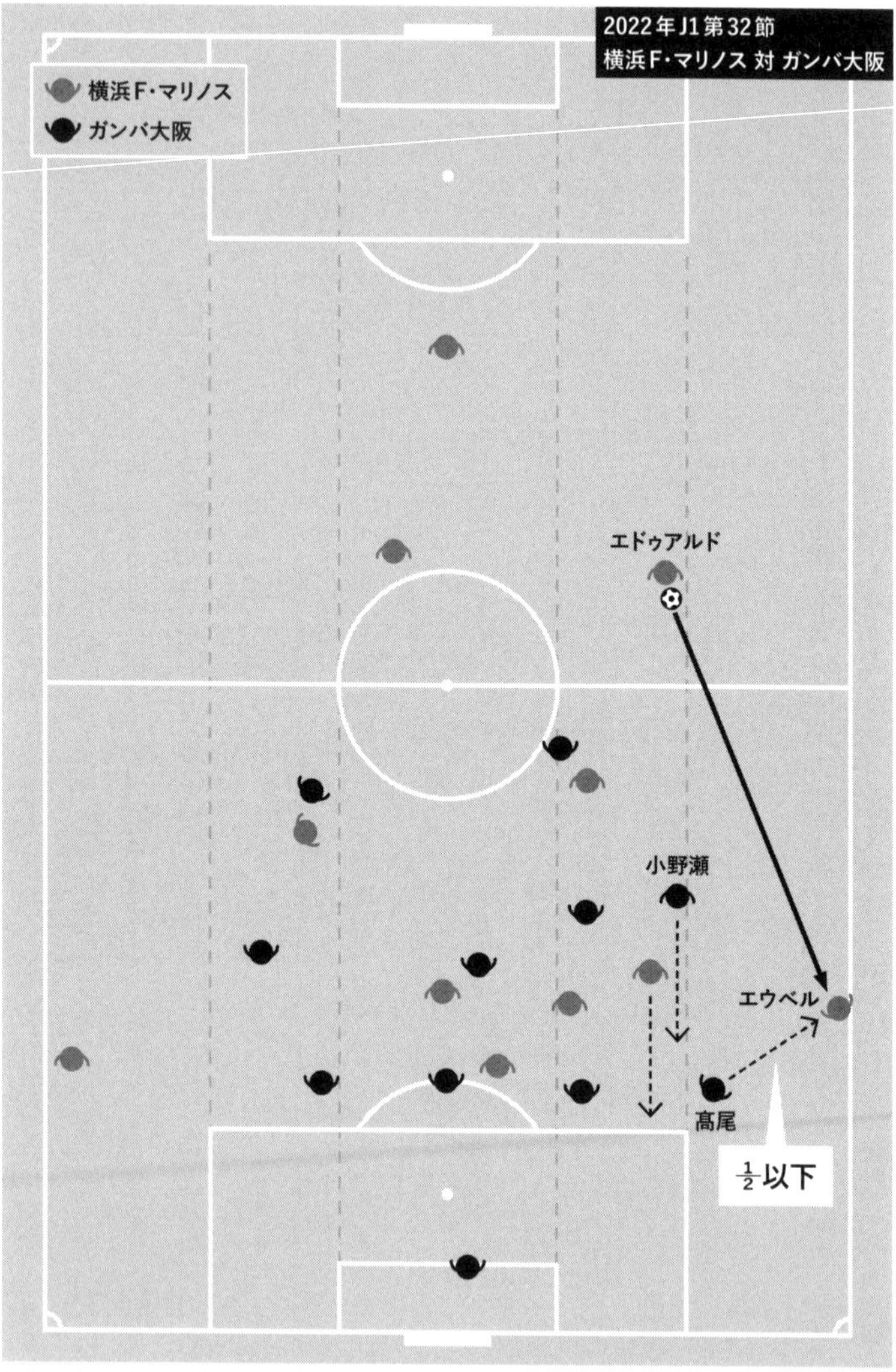

図3：ガンバ大阪の「模範的なプレー」？

えばわかるように、そのパスの距離とG大阪の右SB（高尾瑠選手）が取るポジションの距離との対比は、「ジャストタイミングのアタック」が可能な基準の2分の1以下となっています。本来であれば十分にパスカットができる距離にもかかわらず、そのアプローチが弱すぎました。なおかつ、エウベル選手がゴールに背を向けた体勢で、加えてトラップが浮いたにもかかわらず、それさえも見逃し、簡単に中央へ展開されています。エドゥアルド選手がエウベル選手に通した長い距離のパスは、サイドで奪うための絶好のパス、むしろパスカットさえできるパスでした。逆に、これだけ前方にスペースがあっただけに、エドゥアルド選手はむしろ自ら持ち運んでいたほうが、相手に複雑な判断を迫ることができたように思います。

G大阪サイドの話に戻りましょう。まず、縦への長いパスが出た瞬間に、ボールに最も近い右SB（高尾選手）はスプリントをし、少なからず「ジャストタイミングのアタック」を仕掛けなければいけません。次に、右SH（小野瀬康介選手）は裏に抜けようとする相手を追うのではなく、相手はどのみちパスの出ない「Deckungsschatten（デックングスシャッテン：カバーされる影）」に入っていくだけに、そこは捨てて素早く右SBとともに数的優位を作り、一緒にボールにプレッシャーをかけていきます。それに連動して、他の選手たちも前述したようにボールに対して全員でスライドをします。

余談になりますが、スライドに関して中盤とDFラインではドイツ語の表現は若干ニュアンスが違います。どちらも「Durchschieben / Durchdecken（ドゥルシーベン／ドゥルヒデッケン：それぞれがスライドしてスペースを埋める）」と言いますが、DFラインはより安全性を念頭に置いたスライド、「Durchsichern（ドゥルヒジッヒャン）」という単語を使います。ちなみに「durch（ドゥルヒ）」は英語の「through（スルー）」です。このような戦術用語のディテールや豊富さがモダンなサッカーの緻密さを表す一つだと思います。

また、中盤における「Ballgewinnspiel」でも少し触れていますが、幅のコントロールにおいて注意しなければならないことは、ボールへのプレッシャー度合いです。プレッシャーが弱い場合は、絞りすぎずにボールの逆サイドにいる相手選手たちを視野に入れたポジショニングに注意する必要があります。それゆえ、今さらながらボールに近い選手による、より強いアタックが重要となるのです（図4）。

ガンバ大阪の守備はいつどこでどう奪うのかがまったく不明確

次に、ガンバ大阪から見て左サイドから右サイド、右サイドから左サイドにボールが1往復します。G大阪は再び自陣でボールより後方に11人が位置し、ボールに対して前面からアタックにいける状況ができます。しかしここでも、G大阪はゆっくりとボールを追うだけ。横浜F・

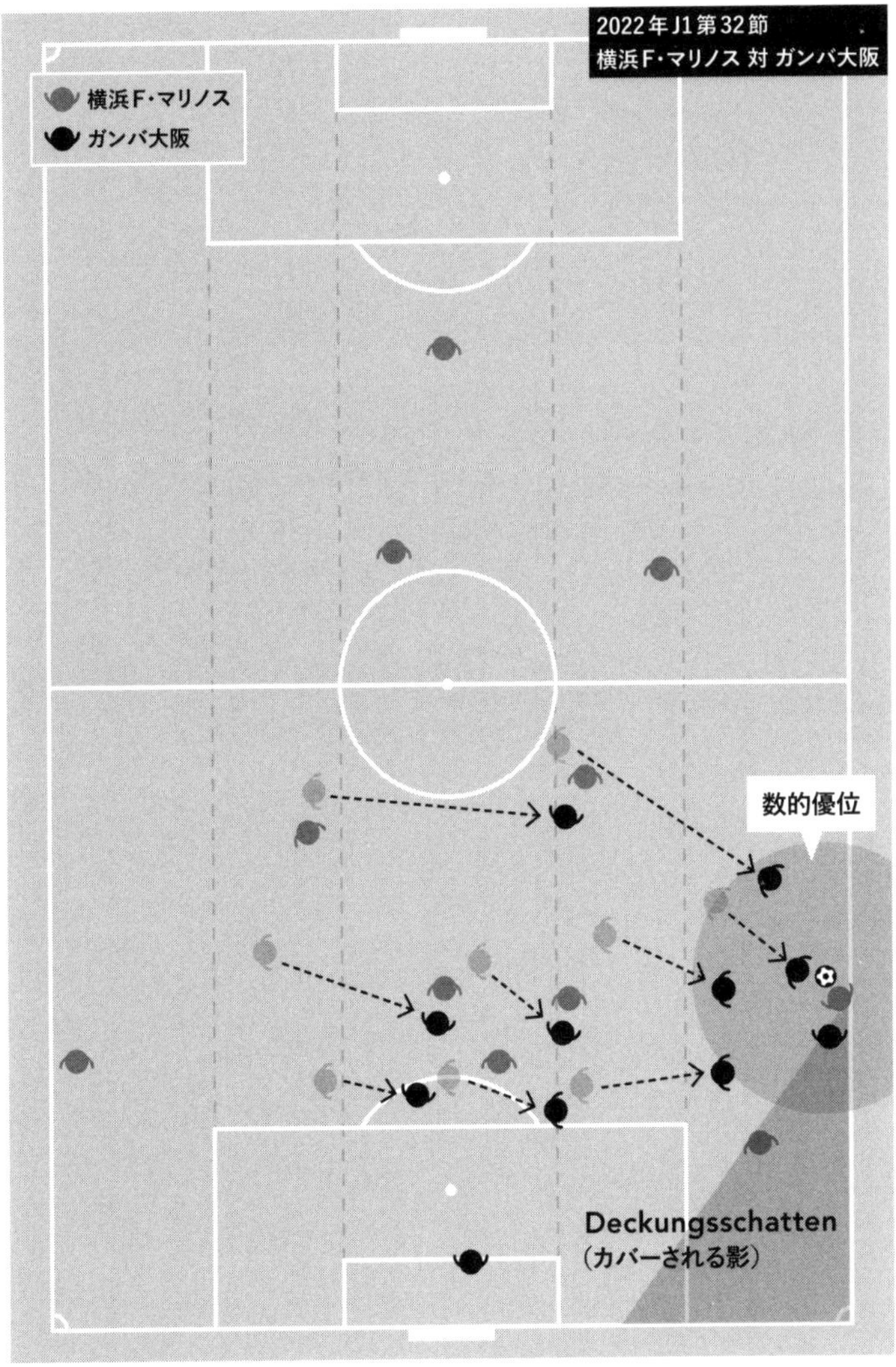
2022年J1第32節
横浜F・マリノス 対 ガンバ大阪
横浜F・マリノス
ガンバ大阪
数的優位
Deckungsschatten
（カバーされる影）

図4：BoS的理想1

マリノスの右CB岩田智輝選手から簡単にボランチの喜田拓也選手にボールを入れられてしまいます。

そして、G大阪の左SHファン・アラーノ選手が外から中へアプローチします。サイドラインいっぱいに張っている右FWの水沼宏太選手を意識して、そのまま外を切ります。前述したようにチームとしてなんらかの意図があれば、外切りし中へ誘い込むことも悪くありませんが、自陣ではそこまで推奨できません。案の定、ボランチの喜田選手からさらに縦パスが入り、結局右サイドの水沼選手に展開され、ここから一気にフィニッシュまで持っていかれました。仮に狙いを持って外を切り、縦に誘うならば、そこでしっかりとハメなければいけません（図5）。

まず、G大阪がここで改善すべき点は、中盤における「Ballgewinnspiel」で言及したように、ボールを保持している右CB岩田選手への制限を最もボールから近いFW宇佐美貴史選手が強めることです。ワンサイドカットで逆サイドにボールが出ないならば、全体的にボールにオリエンテーションし、よりコンパクトにします。

もし、ここでボランチにボールが入れば、奪ってゴールに直線的に向かえるロングカウンターのチャンスができます。左SHのファン・アラーノ選手と中央に落ちていたFWのパトリック選手で猛然とボールにアタックすれば、少なからずボランチの喜田選手は簡単には前を向けなかったでしょう。

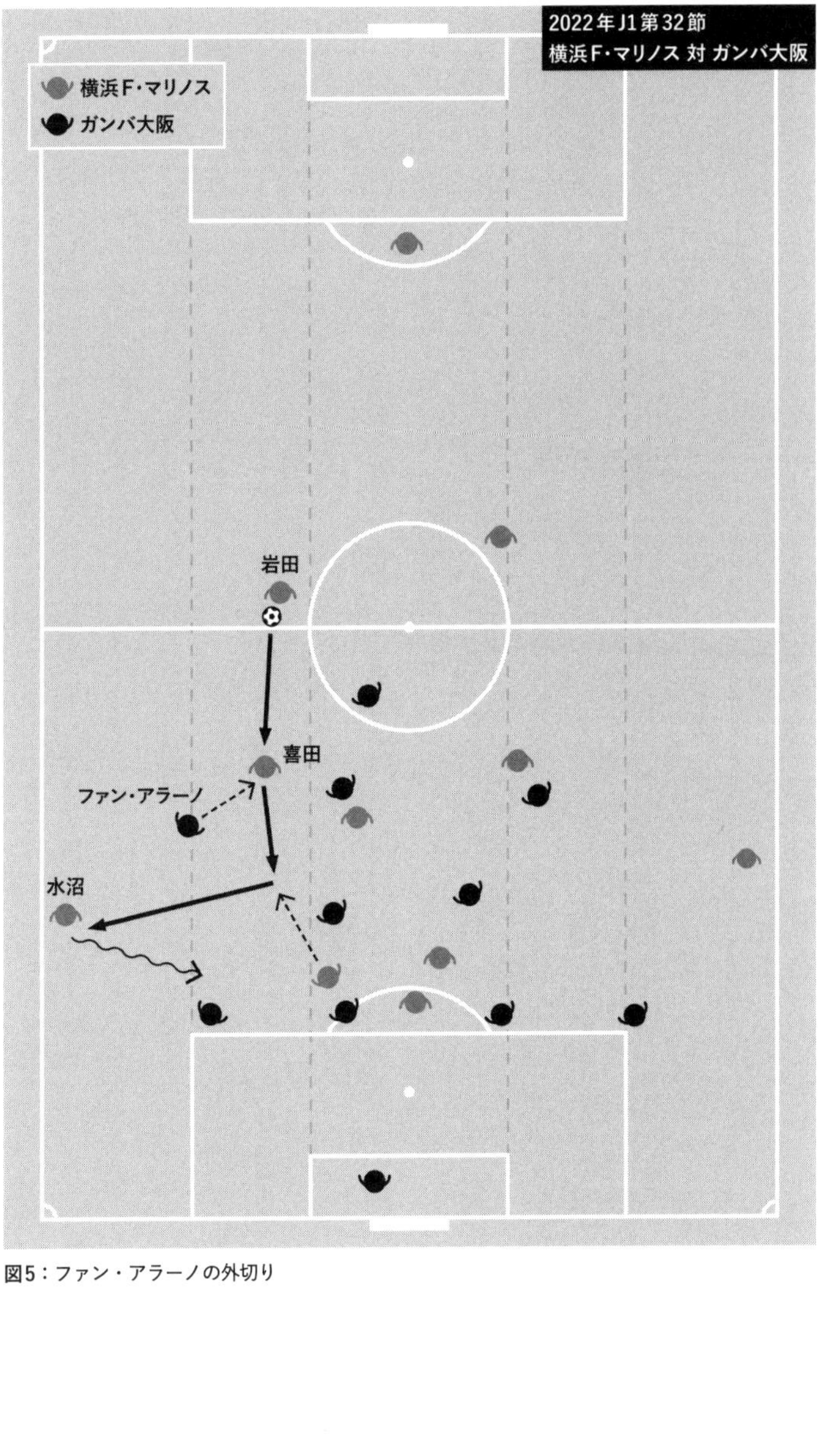

図5：ファン・アラーノの外切り

そうなると、次に言及すべきは左ＳＢ黒川圭介選手のプレーです。ボールの出ない影を察知し予測をします。視野が前方にないボランチから出るであろうサイドへのパスカットをしっかりと狙うのです。後方から前方へ勢いを持ってボールにアタックし、パスカットもしくはボール奪取ができれば、非常にいい状態で攻撃に転じることができるでしょう（図6）。

特に相手の横、後ろへのミスパスを誘発し、その相手のミスパスさえも自分たちへのパスと捉えるのです。だからこそ、「どこでどう奪うのか」ということを突き詰めれば突き詰めるほど、ポジティブトランジション（守→攻）という局面をそれほど強調する必要はなくなってくるのです。

Ｇ大阪の守備はいつどこでどう奪うのかという点がまったくもって不明確でした。自分のエリアにボールが来たら様子見程度に動き出すという極めてパッシブ（受動的）なものであり、相手のミスをひたすら待つことしかできていません。いつまで経ってもボールを奪うタイミングがないのです。自由にボールを動かされ、後手後手にボールにアプローチしてしまい、ステイすることの繰り返し。そのブロックは様式美でしかありません。最初にセットした3ラインは何度もサイドに振られると簡単に綻びます。「Ordnung」はボールに対してフレキシブルで、目が細い機能的な網です。機能美としての「Ordnung」こそ、「ＢｏＳ理論」のボール非保持時において重要なものとなります。

一方、Ｇ大阪のパッシブな守備に対する横浜ＦＭの攻撃はまさに教科書的と言えます。相手

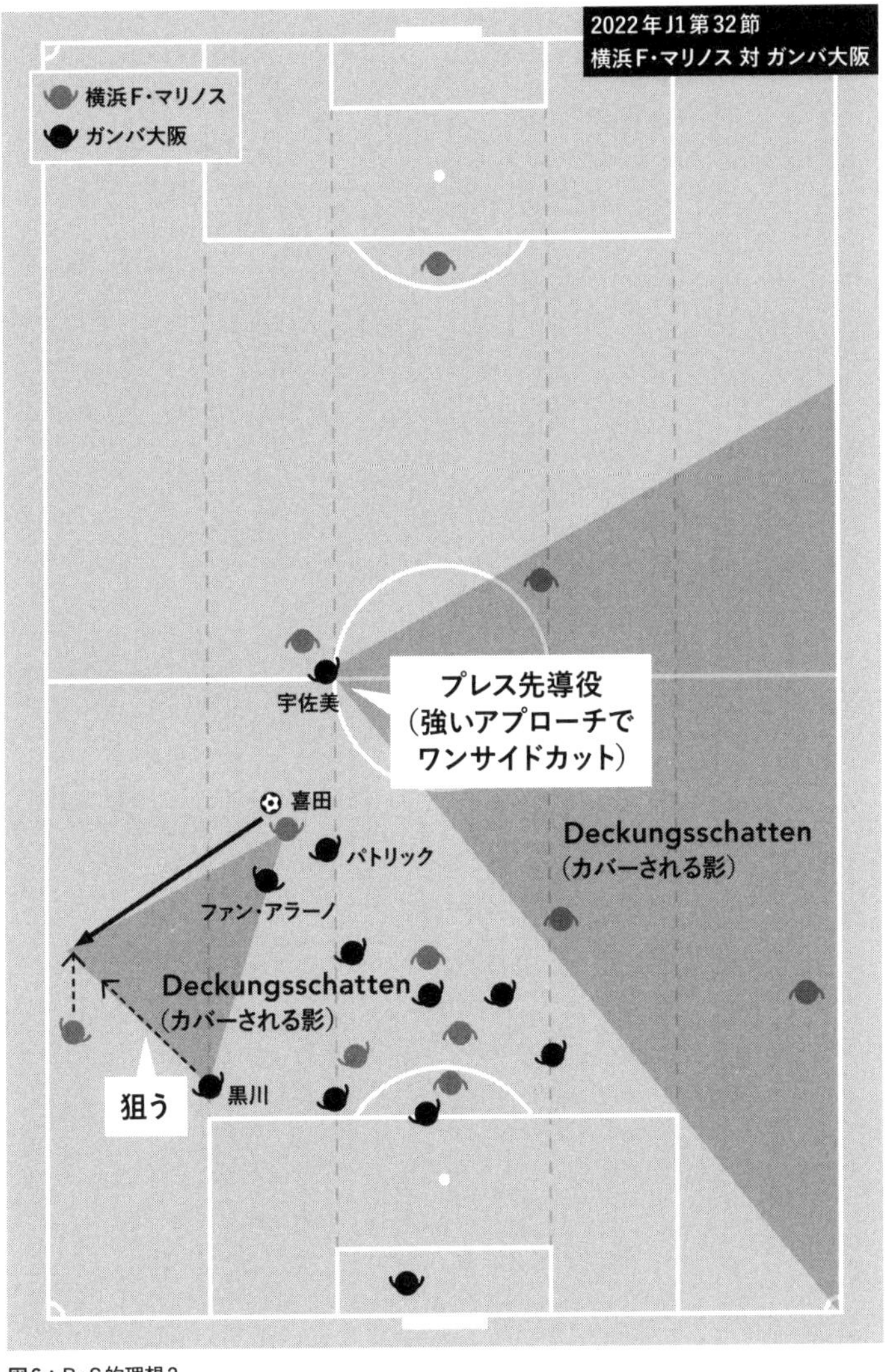
2022年J1第32節
横浜F・マリノス 対 ガンバ大阪
横浜F・マリノス
ガンバ大阪
宇佐美
プレス先導役
（強いアプローチで
ワンサイドカット）
喜田
パトリック
ファン・アラーノ
Deckungsschatten
（カバーされる影）
Deckungsschatten
（カバーされる影）
狙う
黒川

図6：BoS的理想2

を左右に振り、ほとんどのプレーが2タッチ以下で、パススピード、精度ともに質が高く、かつフリーランニングがあり、そしてそれらはゴールに直線的にいくためのものでした。このシーンはG大阪の守備を取り上げるのではなく、むしろ、横浜FMの攻撃にスポットライトを当てるべき、と個人的には思いました。

最後に、根本的なことを言えば、フィニッシュまで持っていかれている時点で、「模範的なプレー」と表現するのは論理的ではなく、さらにペナルティエリア内の守備において、DFが自陣ゴール方向に顔が向かされている状況は決していいとは言えません。なぜなら、ペナルティエリア内では徹底してゴールを守らなければいけないわけですから。ペナルティエリア内の守備に関しては次章に譲るとして、さらに2022年カタール・ワールドカップの日本代表対ドイツ代表戦についても、ボール非保持時の場面に着目して言及できたらと考えています。

7

自陣における「Ballgewinnspiel」

前章では「BoS（ベーオーエス）理論」の
中盤における「Ballgewinnspiel」を解説した。
本章ではボールがディフェンシブサードにある場合の自陣における
「Ballgewinnspiel」の原則を、具体例をまじえながら説明する。

BoS的ボール非保持時においてはモロッコ代表が格好のモデルだった

ドイツ・ブンデスリーガの後半戦が２０２３年1月下旬から始まりました。22年カタール・ワールドカップのイレギュラーな開催日程で少し狂った「ブンデスリーガのある日常」のリズムがようやく元に戻った気がして非常に幸せな気分です。さらに、私の恩師でもあるブルーノ・ラッバディア氏が22年12月上旬、降格の窮地にあるシュトゥットガルトの監督に9年ぶりに再就任しました（23年4月に解任）。同じシュトゥットガルトにいるならばと、すぐに押しかけ久しぶりの再会を果たし、変わらぬ愛情をたくさんもらいました。9年の間、彼はハンブルガーSV、ヴォルフスブルク、ヘルタ・ベルリンの監督を歴任。監督室に招き入れてもらい長々と雑談するなど、そのキャラクターは相変わらずで、改めて監督業は人間性が重要であると思った次第です。その指導力もさることながら、長くブンデスリーガの1部で監督を務められる人物は人間性がやはり違います。本書で重箱の隅を突くようなことを述べている私に言われても説得力がないと思われるでしょうが、心底そう感じています。監督の資質は理論、戦術のみにあらず……と言いつつ、引き続き「ＢｏＳ（べーオーエス）理論」に基づいて話を進めたいと思います。

各国のリーグも再開され、ワールドカップの余韻も少しずつ薄れつつある中で、まずは4年に一度の祭典を振り返ります。近年のワールドカップの傾向として、選手の特徴を最大限に生かした戦術、明確な守備的戦術など、割り切った戦い方が多いと考えていました。それはクラブチームの稼働率が高いゆえ、代表チームは活動時間的にも選手の身体的にも非常に厳しく、今ある素材を生かして効率的に勝利を目指すという至極当然な思考でしょう。したがって、個人的にはUEFAチャンピオンズリーグこそがサッカー的には最高峰であり、ワールドカップは「国民行事的なお祭り」と位置づけていました。

しかし、カタール大会は強豪国を含め、個々の印象が強かったアフリカ勢にしてもコレクティブなチームが比較的多かったように感じます。中でも「BoS理論」的観点からは特にボール非保持時において、モロッコ代表が格好のモデルと言えました。彼らはコンパクトな守備からのカウンターだけではなく、相手を押し込めるボール保持時の能力も十分にあり、魅力的なサッカーを披露していました。ストライカーに難があったものの、テクニカルな選手を含め一丸となってハードワークするバランスのいいチームで、強豪国を軒並み倒して準決勝まで進出したのは決して偶然ではないでしょう。

一方で日本代表も不可能といわれたグループリーグを突破したものの、内容的にはモロッコのように手放しで褒められるものではありませんでした。母国がサッカー大国、しかもドイツ代表とスペイン代表に勝利したことは非常に喜ばしいことですが、再現性の低い勝ち方であったことは否めません。ただ、日本の今後に向けて大きな希望と自信になったのは事実で、ベスト8の壁はそこまで長く待たなくとも超えられるのではないかと考えています。海外でプレーする選手たちをベースに戦えば、歴史を塗り替えることはできるでしょう。とはいえ、仮にベスト8の壁を超えたからといって一体どうなるのでしょうか。代表チームは当然ワールドカップが最大の目標だけに、確かに好成績を残すことは至上命題ではあります。ただ残念ながら、日本代表の躍進と日本サッカーの発展をイコールと考えるのは短絡的でしょう。

海外で活躍する選手が集結する4年に一度の大会は魅力的ではありますが、私個人としては、サッカー＝ワールドカップという日本国内の風潮に一抹の寂しさを感じています。ワールドカップに目を向けるだけではなく、日本国内のサッカー、Ｊリーグにスポットライトを向けてほしい。街全体を飲み込むブンデスリーガの熱を改めて感じるに、余計にそう思うようになりました。自国のリーグがスポーツ的、文化的により発展すれば、国内にも地域にもサッカーが溢れて熱狂が生まれます。実際すでにＪリーグにもそういったクラブはいくつかありますが、そういった熱狂を継続的に日本全国に広げていく草の根活動こそが大切なのではないでしょうか。4年に一度ではなく、歴史の積み重ねで毎週末が各地域のお祭りになればと心から願っているところです。

「スペース」はシュートをしないので自ゴールに近づくほど相手に近づく

カタール・ワールドカップでは史上最多の総得点（172）が生まれ、比較的アトラクティブ（魅力的）な大会となりました。とはいえ、本章もボール非保持時がテーマになります。「数多くゴールしてもそれ以上に失点してしまったら元も子もない」と言い聞かせ、最後まで踏ん張ってついてきてもらえれば幸いです。また、本章の終盤には、ワールドカップでの対戦は今後を含めてそう多くはないであろう、日本代表対ドイツ代表の試合から2つのシーンを抜き出して、「BoS理論」における「Ballgewinnspiel（バルゲヴィンシュピール：ボールを奪うプレー）」の復習をしたいと思います。

これまで「Der Kreislauf des Ballgewinnspiel（デア・クライスラウフ・デス・バルゲヴィンシュピール：ボールを奪うプレーの循環）」とともに、ボール非保持時のプレー姿勢、態度を、ボールの位置（敵陣：アタッキングサード、中盤：ミドルサード）に分けて説明してきました。相手のゴール近くでは、ボールに強くオリエンテーション（方向づけ。ハイプレス、ゲーゲンプレス）し、中盤では、当然ボールにオリエンテーションしつつ、スペースにも気を配ることがポイントであると伝えたと思います。

本章では自陣：ディフェンシブサードにおける「Ballgewinnspiel」を解説します。

ペナルティエリア前での「Ballgewinnspiel」において、基本的には中盤での考え方と同じですが、次のことに留意してください。まず、自陣ペナルティエリアの前にある中央のスペースを可能な限り閉じることは、すべてのDFにとって決定的なタスクとなります。より一層、中央を固めて外にボールを追いやります。また、ボール保持者に対して共通理解のもとアタックする必要があり、DFラインとボランチの間の距離を一定に保つことが重要です。さらに、チーム全体が一丸となってボールにオリエンテーションします。奪い方によっては、この位置でも十分なカウンターのチャンスがあります。この時点で「ゴールを守ること」に徹するのか、「ゴールを守りながらゴールを奪うこと」を考えるのかは、それぞれの自チームのクオリティや対戦相手のクオリティ、試合の状況などで変わってくるでしょう。

ボールが自陣ゴールからまだ遠くにある場合、これまで述べてきたように、ボールにオリエンテーションしたプレーを展開し、「ゴールを奪うこと」を意識します。しかし、ボールが自陣ゴール近くまで運ばれた場合、またはDFラインの背後、自陣深くに出されたならばどうなるでしょうか？　この場合は、これまで強調していた「ゴールを奪うこと」ではなく、そのボールの位置を考慮し、ひとまず「ゴールを守ること」にオリエンテーションしなければなりません（図1）。何度も言うように、ゴールを奪ってもそれ以上にゴールを奪われてしまえば、試合には負けます。

これまでは、ボールがＤＦラインの前にあるシチュエーションを例に説明してきました。出来る限り早くボールより後方に11人を揃えて、ボールに対して前方へアタックする。その理由と方法、そして期待される効果はすでに述べてきたとおりです。その場面では、ボール保持のチームは基本的にはどうパスをつなぐか、またはドリブルするかなど、ゴールに持ち込む前段階にあります。しかし、自陣ゴール付近までボールを運ばれた場合、彼らにはパス、ドリブル、そしてボール非保持のチームにとって最も避けたいシュートという選択肢を持つことができます。したがって、自陣ゴールに近づけば近づくほど、相手に接近することを意識すべきなのです。

「ＢｏＳ理論」の原則として、アクティブ(能動的)にゴールを守るようにするためには、相手との近い距離感が絶対的に必要となります。結局のところ、スペースはシュートをしません。シュートをするのは相手選手です。基本

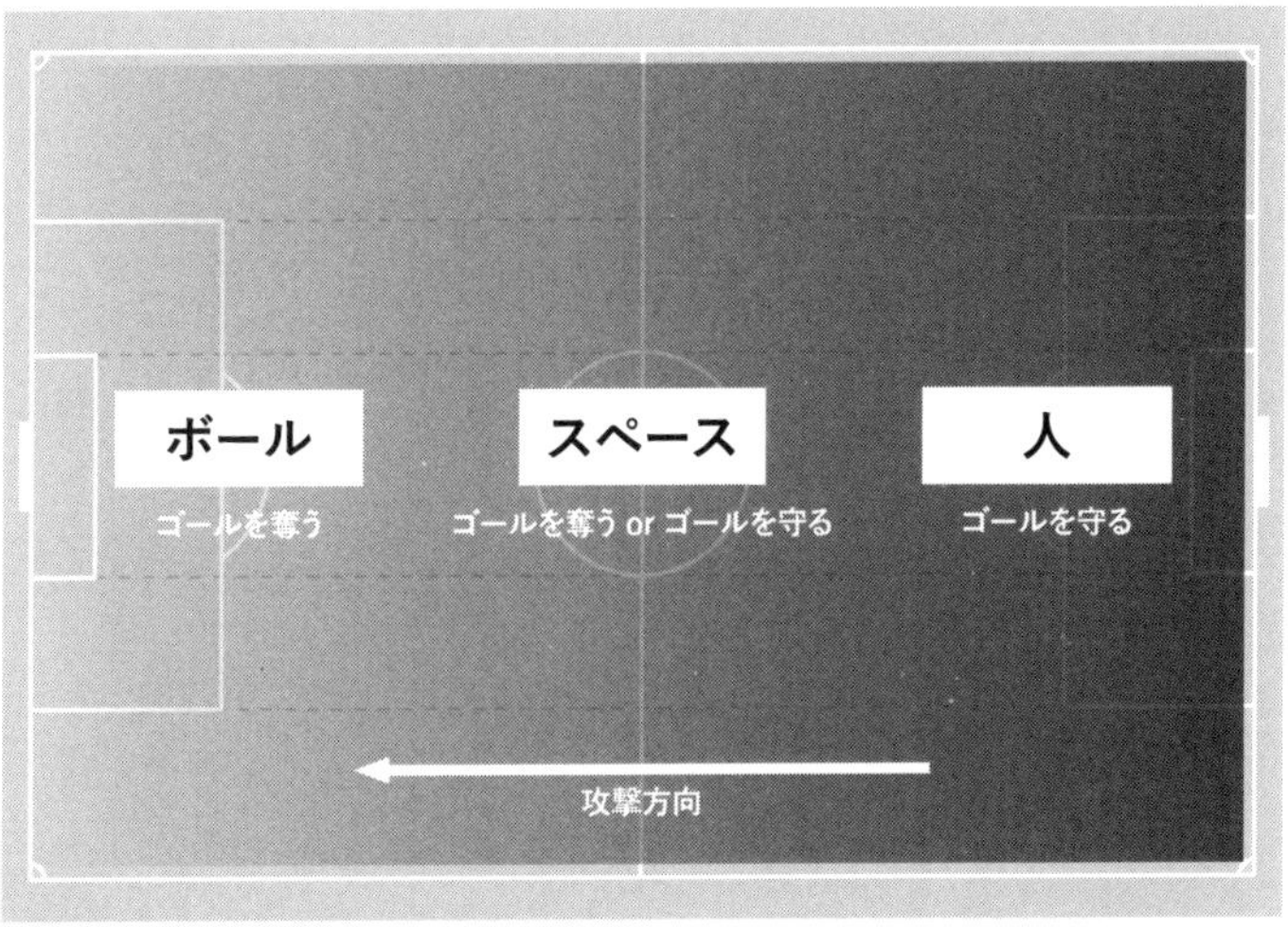

図1：ボールの位置によるゴール意識とオリエンテーション度合い

的には、それまではボールにオリエンテーションしつつ、かつ味方選手各々のポジションによってスペースにも気を配るという局面からマンツーマンに移行します。では、どのタイミングでよりタイトなマンツーマンを意識すべきでしょうか。一つの基準としては、相手がワンタッチでゴールできるエリアに侵入してきたときです。このとき、しっかりと相手とボディコンタクトが取れるようにします。特にペナルティエリア内では、危険なエリアに入ってくるクロスから最適に守るために、ＤＦは相手と1対1で明確に対峙する必要があります。

自陣ペナルティエリア内での数的優位の状況では、ＤＦの選手たちはセーフティーだと感じ、ゴール前に飛び込んできた選手に対してコミュニケーション不足のせいで責任転嫁してしまうことがしばしばあります。試合前に誰が誰を捕まえるのか明確なタスクをＤＦ陣に与えたとしても、相手がポジションを変えたりすることは常に起こり得えます。だからこそＤＦはこれを迅速に認識し、それを明確に伝えること、コミュニケーションを取ることが重要です。非常にシンプルですが、これにより短時間でかつ成功裏にゴールを守ることができるでしょう。

自陣ペナルティエリアより高い位置で守り、相手がＤＦラインに向けてプレーするとき、前方への素早いアタック（クロスステップ）でも、また素早い自陣ゴール方向への対応をするためにも半身のポジションで構えます。さらに言えば、ＤＦライン前からのクロスに対して簡単にラインを下げない。ＤＦラインの高さを保ち、出来る限りラインを保って相手をペナルティエリア内に侵入させないことです。

一方で、自陣ペナルティエリア内を守るとき、CBとボールから遠いほうのSBは可能な限りオープンな身体の向きを意識して、次の3つの視点に注意したいところです。相手、ゴール（GKとのコミュニケーション）、そしてボールです。これはアーリークロスの場合は比較的対応できるプレーです。問題はDFラインを突破されたシチュエーションです。このときはクローズな身体の向き（顔がゴール方向）になり、ペナルティエリア内を守る上で非常に分が悪くなります。

図2と**図3**はまさにこのシチュエーションです。ただし、このシーンでは、背走しているときにダイレクトでゴール前にプレーされたわけではなく、その前に一拍あります。一拍があるので、前述したようにコミュニケーション、お互いのコーチングがあれば、失点を防げる可能性は高まります。特にマンマークが必要とされるペナ

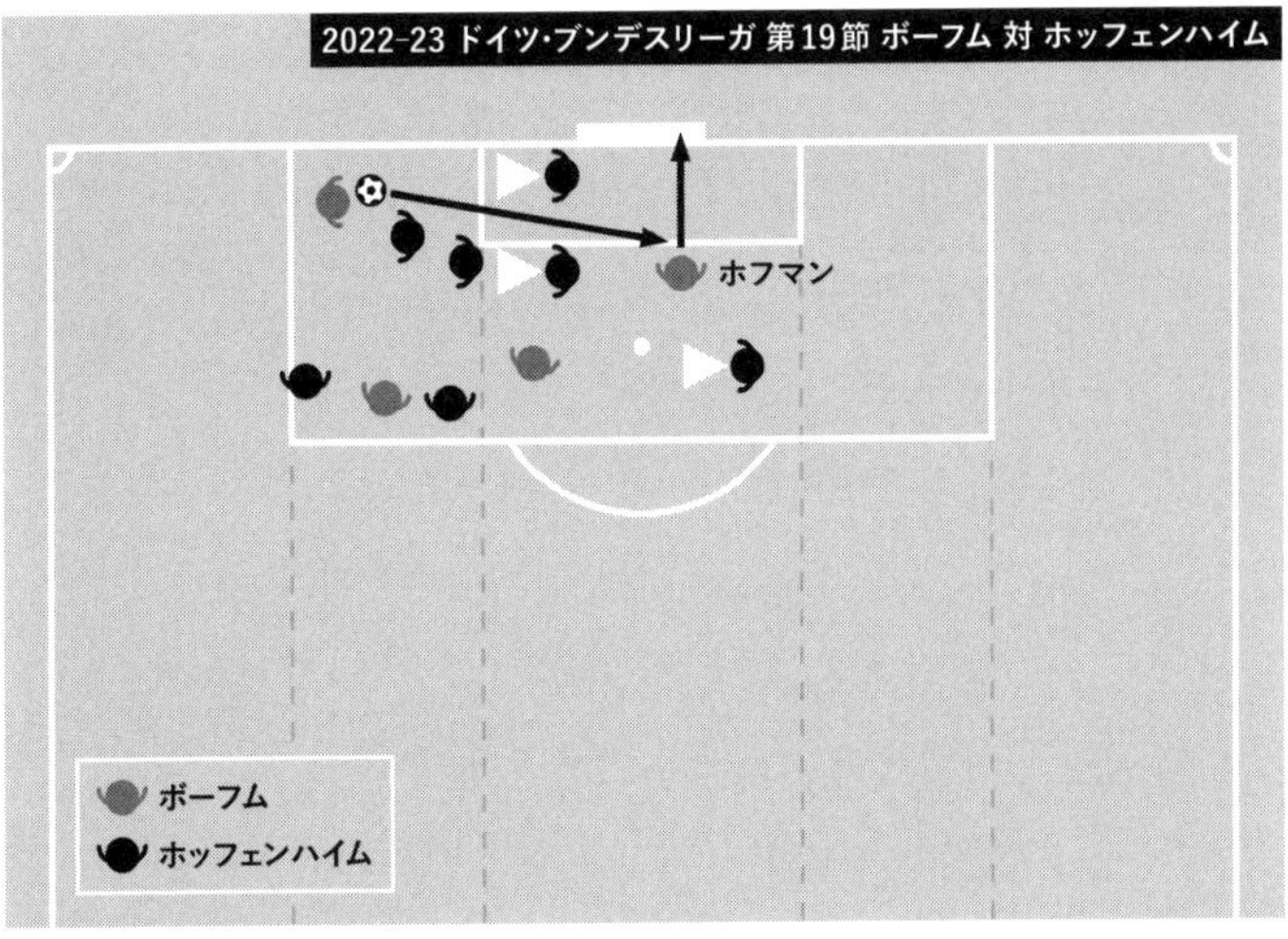

図2：「ブラインドサイド」の危険1

ルティエリア内をゾーンで守ろうとすると、DFはその視線、身体の向き、ポジショニングからほぼボールのみにオリエンテーションしてしまう傾向が強い。つまり「ボールウォッチャー」になってしまい、この状況が相手に自由を与えてしまうことは多々あります。したがって、ゾーンで守るとDFが「ブラインドサイド」、つまり後方にあるスペースを作り出すことにつながります。そして相手はDFの視野外からゴール前に侵入し、DFは為す術なく非常にパッシブ（受動的）に失点してしまう。これにより多くのゴールが生まれてしまいます。その多くの場合は、ペナルティエリア内で数的優位であるにもかかわらず……。

例えば、おそらく多くの方が一度は見たことがあるであろう、FWクリスチアーノ・ロナウド選手の打点の高いヘディングシュートのシーンは、まさに**図4**の状況です。「ブラインドサイド」から忍び寄り、精神的、空間

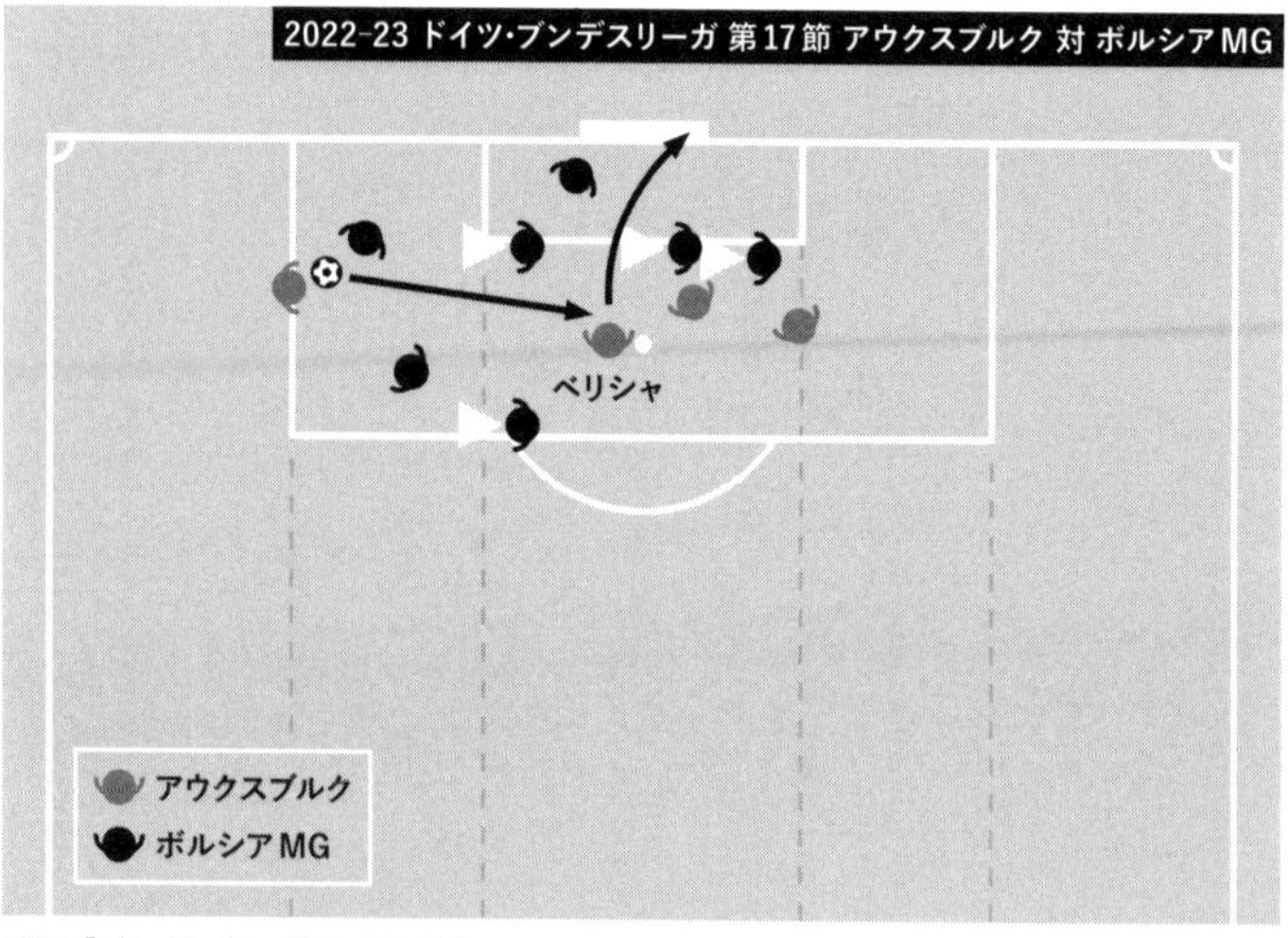

図3：「ブラインドサイド」の危険2

的なアドバンテージを生かしたゴールと言えます。ゾーンでの守備は、ペナルティエリアに侵入するスプリント、ランを自由にさせ、さらにクロス、シュートの質には影響を及ぼすことはできません。逆に、攻撃の質がそこまで高くないならば、ゾーンでの守備は可能だと言えます。しかし、攻撃の質がハイレベルであればあるほどパス、シュート、タイミングがピンポイントで合わせられる能力が高いので、「自分のゴールに近づくほど相手に近づく」ことを徹底し、アクティブに自陣ゴールを守らなければなりません。

サイドの数的優位を生かせずに日本はドイツにPKを献上した

ここからは「BoS理論」における「Ballgewinnspiel」の復習になります。次に、カタール・ワールドカップで日本代表がドイツ代表にPKを献上したシーンをピック

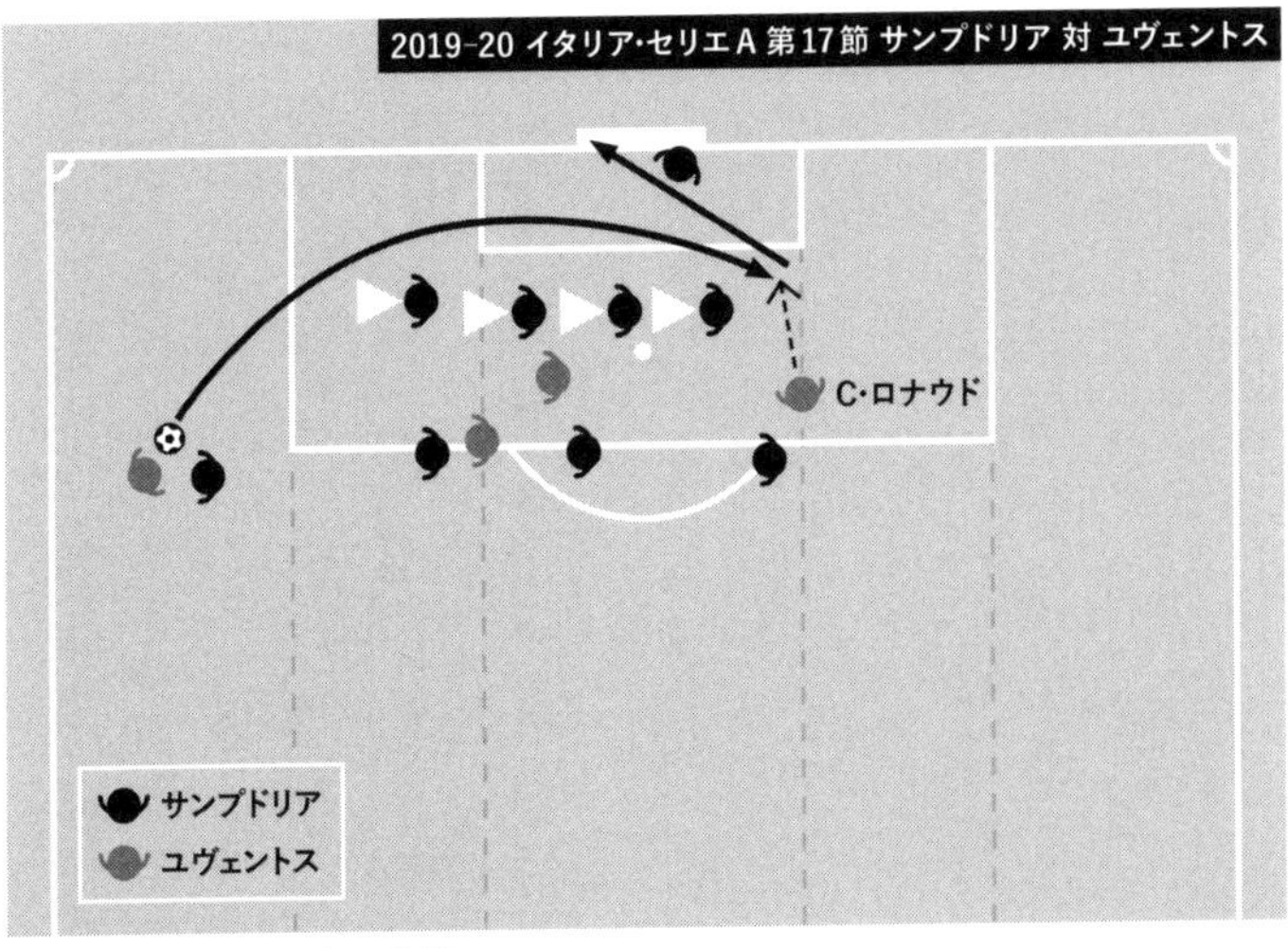

図4：「ブラインドサイド」の危険3

アップします。MFヨシュア・キミッヒ選手からのDFダヴィド・ラウム選手への決定的なダイアゴナルパスのシーンだけではなく、キミッヒ選手にボールが渡る前のシーンからBoS的観点で問題点を挙げましょう。30分、DFニクラス・ズーレ選手がハーフウェーライン近辺で前方方向にドリブルを開始。その際に左サイドのMF久保建英選手がゆっくりとアプローチします。サイドをカットし、中に誘導するように寄せていることがわかります。このシーンは前章で指摘した横浜F・マリノス対ガンバ大阪におけるG大阪の守備例と類似しています。

ズーレ選手は難なくMFラインとDFラインの中間ポジションに落ちてきたMFカイ・ハヴァーツ選手にパスを通します。まずここで、仮に日本の戦術として、自陣で外を切り中に誘導するという意図があるならば、ハヴァーツ選手にパスが渡る前からDF陣はハイラインを保ちコンパクトさを形成することで、ハヴァーツ選手に対し厳しくチェックにいかなければなりません。しかし、実際のシーンでは、久保選手がサイドをカットし中に誘導しているのに、日本のDF陣の立ち位置は深いままで、コンパクトさの欠如から相手に自由を与えてしまっています。また、久保選手は自身の背後にパスを通されたにもかかわらず、プレスバックとは呼べない背走をし、再びジョグでボールにアプローチします（図5）。

次に、中間ポジションでボールを受けたハヴァーツ選手はサイドに位置するMFトーマス・ミュラー選手へと簡単にワンタッチでパスをはたきます。このとき、ミュラー選手を中心とし

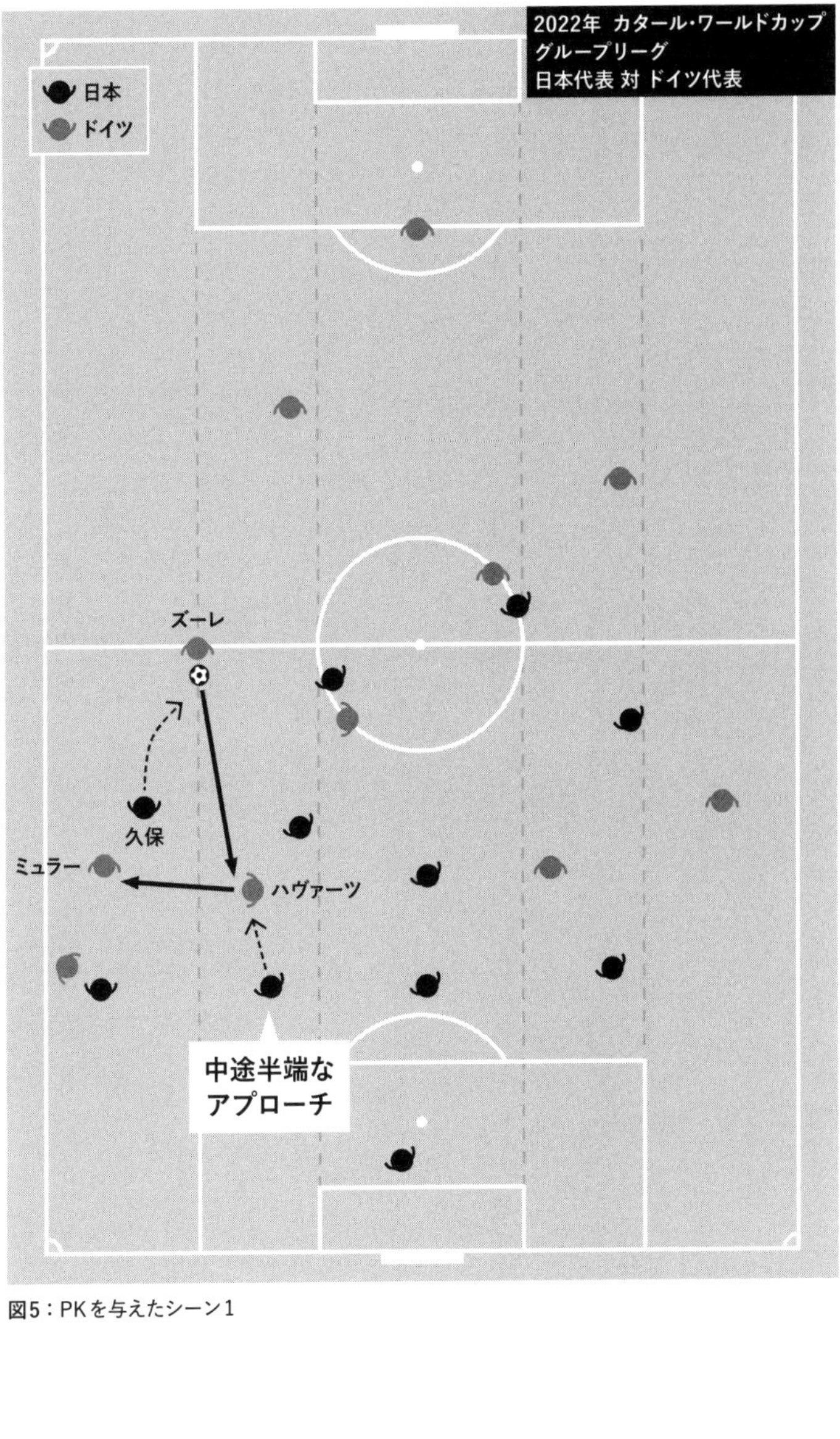

図5：PKを与えたシーン1

たサイドの状況はドイツ2人に対し、日本は4人の選手が待ち構えています。しかし、誰もボールにアタックしません。数的優位なのにボールへのプレッシャーは弱く、奪いどころも明確ではない。相手のボール保持に対して非常にパッシブ（受動的）でした。サイドでボールを受けたミュラー選手は日本の守備陣形をじっくりと眺めながら、ボールを運び、相手DFをある程度寄せつけた上で、中央で待ち構えるボランチのキミッヒ選手へとボールを送ります。いとも簡単に内から外、外から内へとボールが振られていることがわかります（図6）。

サイドで数的優位を作ったならば、より全体的にボールにオリエンテーションし、サイドでボールを奪うべきでしょう。「なんとなく」ゾーンで守ってしまうことで、責任の所在が不明確になり、結果的に相手に自由を与えてしまっているのです。ここでは、久保選手がしっかりとボールに強くアタックし、そのプレスバックをきっかけにサイドで奪い、さらに数的優位を生かしてカウンターまで持っていってほしいところでした。

ここからが失点に直結したシーンです。ボランチのキミッヒ選手がボールを受けると同時に左SBのラウム選手が裏のスペースへスプリント。日本の右サイドを形成するMF伊東純也選手とDF酒井宏樹選手は2人同時に中盤のポジションに位置したMFジャマル・ムシアラ選手へと寄せてしまい、裏へ抜け出したラウム選手へのマークにつけず。その後ボールを受けたラウム選手はGKの権田修一選手と交錯し、PKを献上。そこで失点を喫してしまいます。ズー

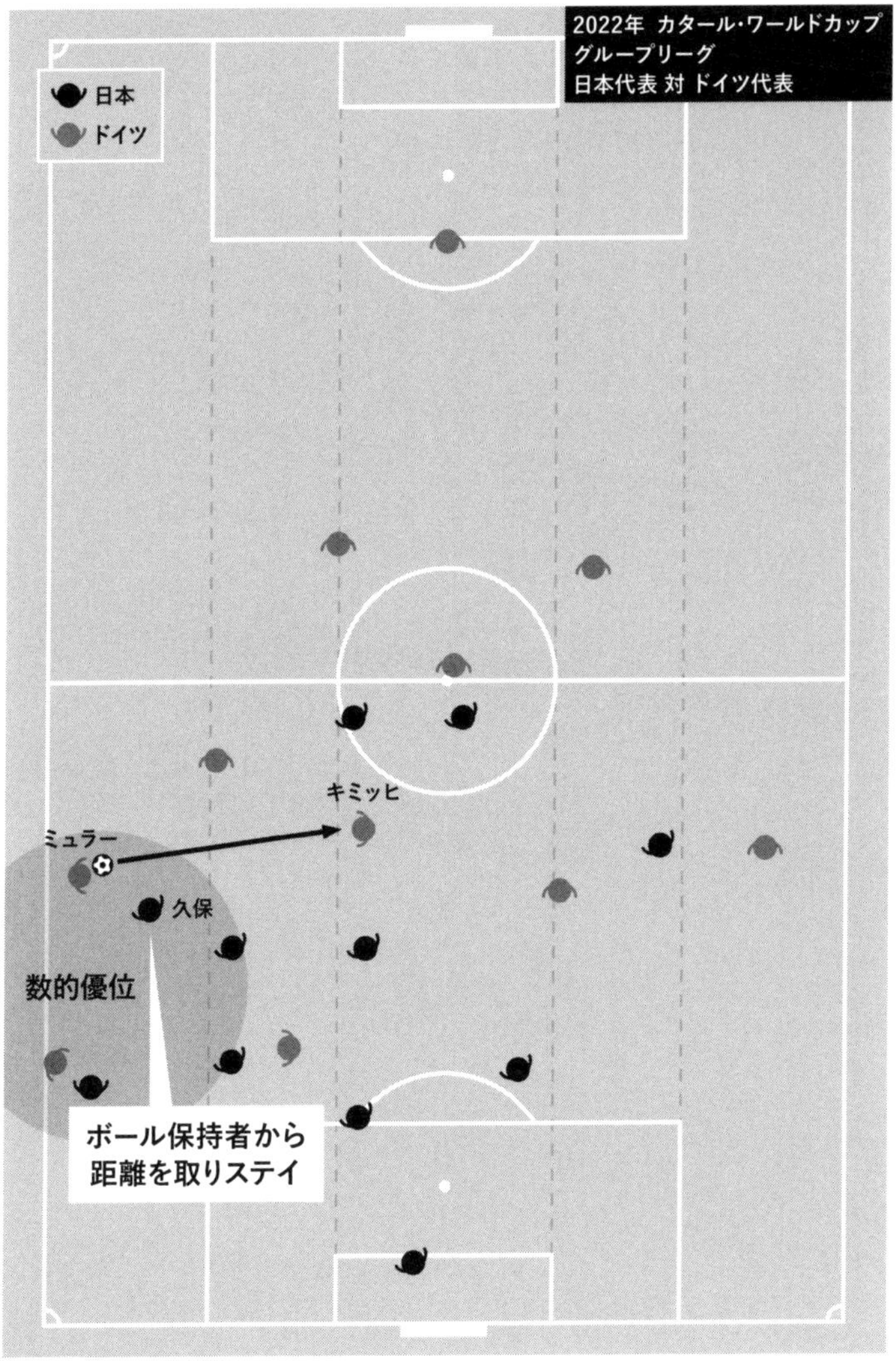

図6：PKを与えたシーン2

レ選手から始まり、ハヴァーツ選手、ミュラー選手、キミッヒ選手まで、ほぼノープレッシャーでプレーをしています。ボール非保持時のパッシブな姿勢、態度がPKを与えるまでの前段階と言えます（図7）。

さらに深掘りするならば、このシーンでは、2章で書いたコマンドの一つ「Auge（アウゲ：相手を視野に入れろ!!）」が欠けていました。ボールから最も遠かった伊東選手は、ラウム選手をしっかり視野に入れておくべきでした。ここでは伊東選手がラウム選手を徹底的にマークすべきでしょう。ムシアラ選手のポジショニングとラウム選手の裏へのスプリントのタイミングが絶妙だったとも言えますが、ムシアラ選手にボールが渡ったとしても、酒井選手がボールに対して正面からアタックできるスタートを切っていました。コミュニケーションも重要なポイントになるケースですが、前章でも何度も言っているように、ボールから遠い選手はボールへのプレッシャー具合を考えて、ひっくり返されない程度に中に絞るべきなのです。

日本が前半早々に披露した複数の「Ballgewinnspiel」

前半早々、オフサイドにはなったものの、FW前田大然選手の幻となったゴールは、MF鎌田大地選手のボール奪取からのカウンターでした。このプレーは前章で述べたサイドからのボー

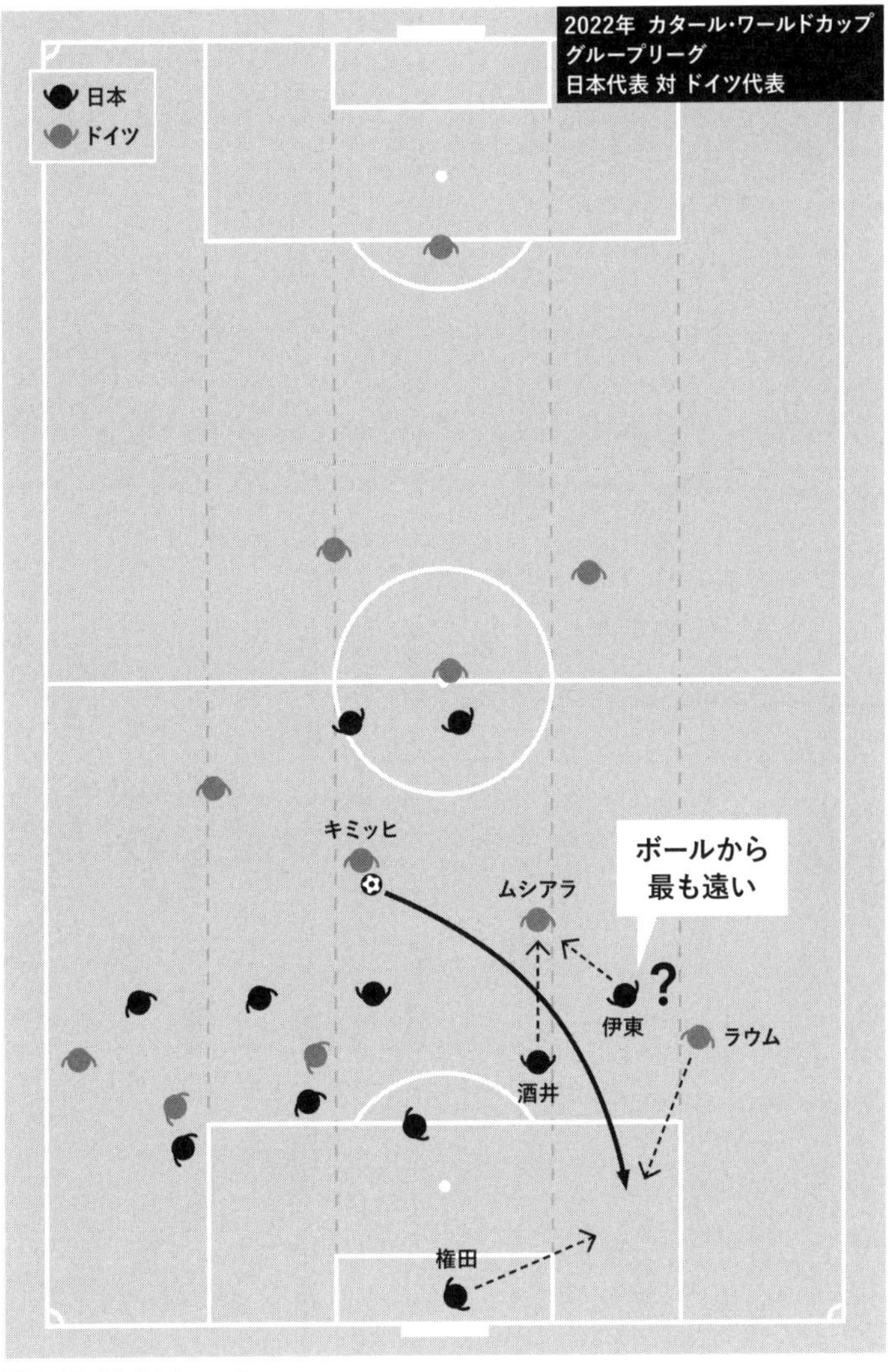

図7：PKを与えたシーン3

ル奪取ではないものの、ポジティブな数的優位の作り方の一例として挙げていいでしょう。

立ち上がり7分、ＭＦヨシュア・キミッヒ選手が中盤でＭＦイルカイ・ギュンドアン選手にバックパス。後ろ方向にパスを送ったことをサインにＭＦ遠藤航選手は前方方向へ正面から猛烈にアプローチをかけます。また、前線の前田選手はギュンドアン選手に対しプレスバックし、サンドすることでパスコースを消しています。後ろ方向へのパスコースを消されたギュンドアン選手は再び前を向こうとしますが、オープンな身体の向きを作らせまいと遠藤選手は素早くボールへアタック。ここで、ボール保持者のギュンドアン選手はヘッドダウンし、キープしようとボールのベクトルは横方向へ。キミッヒ選手をケアしていた鎌田選手が、すかさずギュンドアン選手へ思い切りよくアタックし、複数での「Ballgewinnspiel」に成功しました。ボール保持者を自由にさせない遠藤選手の素晴らしいプレーから生まれた、一瞬の隙を逃さない鎌田選手のナイスプレーでした。

また、ここで注目すべきは奪ったボールのこぼれる方向です。遠藤選手も鎌田選手も正面からボールに対しアタック（「Vorwärtsverteidigen：フォアヴェアツフェアタイディゲン」）を仕掛けたことで、ボールは前方方向へこぼれ、日本代表のカウンターをよりスムーズに遂行させる上での手助けをしてくれていることがわかります。ボール非保持時はボールを奪うことだけが目的ではなく、ボールを奪う攻撃（「Ballgewinnspiel」）だという概念を見事に体現しているプレーだとも言える

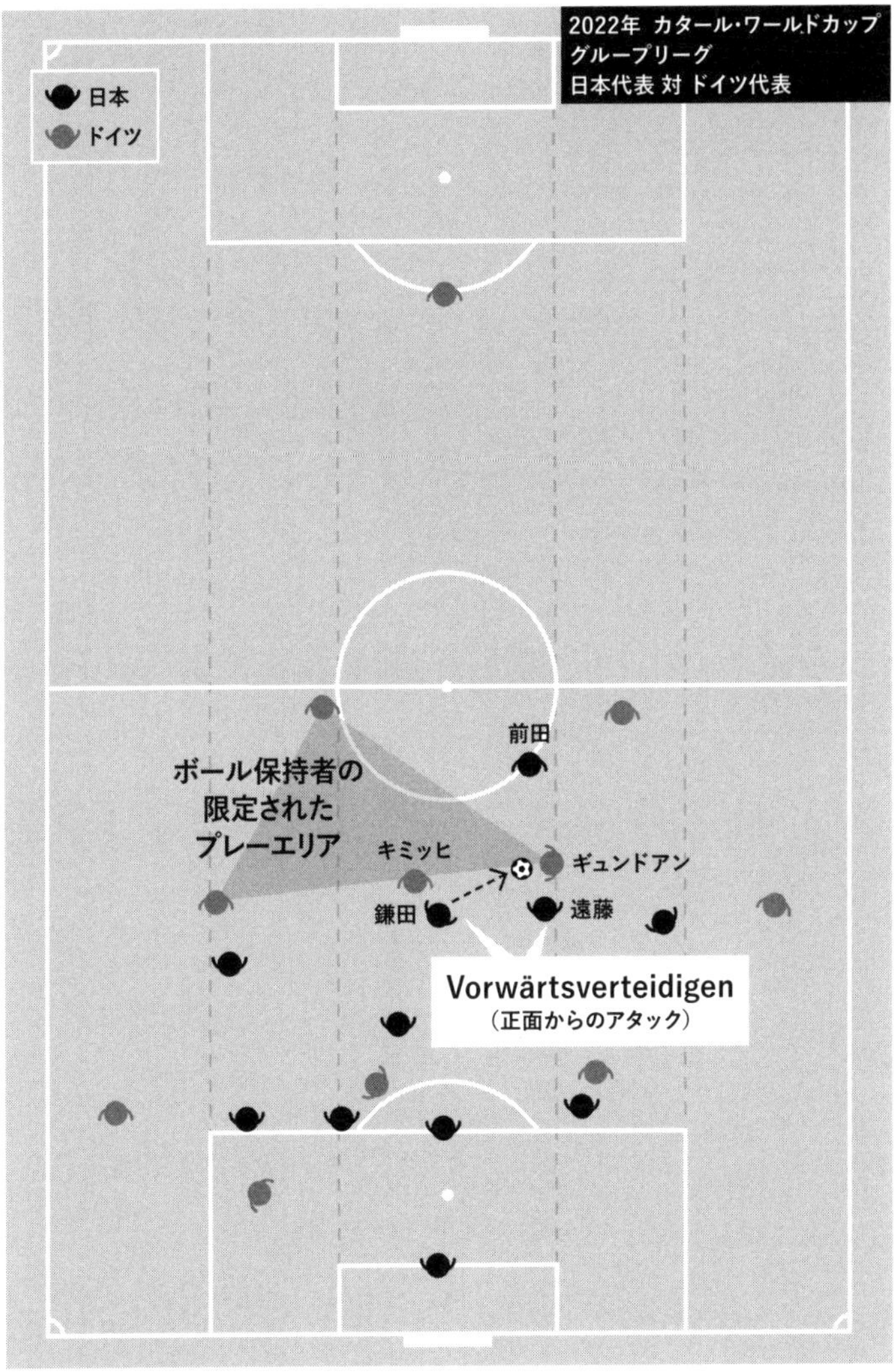

図8：複数の「Ballgewinnspiel」

でしょう（図8）。

さて、最初は全8章くらいで「ＢｏＳ理論」のボール非保持時とボール保持時、どちらも説明できてしまうだろうと考えていましたが、書いていくうちに「あれも言いたい、これも言いたい」となり、気がつけばボール非保持時だけで7章も費やすことに……。それゆえ、本書は「ＢｏＳ理論」の「Ballgewinnspiel」に特化した一冊となってしまいました。それでもまだボール非保持時に関しては、完全に書き切れたとは言えません（笑）。さらに付け加えることとすれば、ロングボールへの対応です。「コントロールされたロングボール、フィードは『ＢｏＳ的プレス』を破壊する相手のプレーの一つ」と、すでに書いているとおりです。だからこそ、プレスラインでの深さのコントロールが必要になります。

しかし、そこまでコントロールされていないクリアボールでも、その対応を誤ればピンチに陥ってしまうことは少なからずあります。２０２２－23シーズンのドイツ・ブンデスリーガ第19節、シュトゥットガルト対ヴェルダー・ブレーメン戦でのシュトゥットガルトの失点シーン（1点目）はまさにそのパターンによるものでした。次章はそのロングボールへの対応を解説しつつ、「ＢｏＳ理論」における「Ballgewinnspiel」の総ざらいをしたいと思います。

8

その他の「Ballgewinnspiel」

「BoS（ベーオーエス）理論」の「Ballgewinnspiel」にとって、
コントロールされたロングボールは「プレッシングキラー」の一つとなる。
最終章では事故的な失点を未然に防ぐための
「BoS的リスクマジメント」を解説する。

「プレッシングトリガー」と「プレッシングキラー」

プレスのスイッチを入れるタイミング＝口火（「プレッシングトリガー」）をこれまでいくつか述べてきました。以下に簡潔にまとめます。

①長い距離のパス（アプローチの距離：パスの距離に対して2分の1）
②浮き球のパス・マイナス方向のパス・バックパス
③プレスラインを越えようとするドリブル、パス
④相手の技術的ミス
⑤相手ゴール方向への背走、ドリブル
⑥自身のボールロスト
⑦プレスのハメどころ（大体は相手チームの一つのポジション）
⑧相手のスローイン

これ以外にも、指導者の指向によって違ったタイミングがあるかも知れませんが、相手のミ

スを祈って待つしかない「なんとなく」ボールを追いかけることだけは避けなければいけません。そうではなく、コンパクトな陣形から正しいタイミングでプレスの口火を切り、最大限の速さを持って相手にアタックする。そこでは、プレスラインの高低は関係なく、ボール際で数的優位を作り出す。その目的は相手のミスを誘発し、ボールを奪うことです。決して相手のミス待ちではありません。アクティブ（能動的）にボールに対してオリエンテーション（方向づけ）するプレス（「Ballgewinnspiel：バルゲヴィンシュピール、ボールを奪うプレー」）です。

さて、試合中に頻繁に起こる⑧相手のスローインがプレスのスイッチ？　と意外に思われるかもしれませんが、プレーが途切れるため「Ordnung（オールドヌング：陣形を整えろ!!　陣形の秩序を保て!!）」はしやすいはずです。また、スローインのルール上、スローワーの投げ方を見ればボールの出る方向が予測しやすく、さらに投げられたボールは浮き球となるため、受け手の処理は簡単ではありません。スローインからボールを奪い、一気にゴールに結びつけることは少なくないのです。特に敵陣の相手スローインの場面では何気なくプレーしがちですが、しっかりと意識し利用したいところです。

２０２３年Ｊ１第18節、アビスパ福岡対ヴィッセル神戸における神戸の得点シーン（60分）がわかりやすい例です。神戸は福岡のスローインに対してコンパクトに網を張り、前方に投げられたボールにＤＦ酒井高徳選手がしっかりとプレッシャーをかけて、バックパスのミスを誘発します（図1）。そのボールをMF佐々木大樹選手が運び、マイナス気味のグラウンダーのパスを中央に入れ、FW武藤嘉紀選手がフィニッシュ。ボールを奪ってから約7秒のゴールでした（図2）。

さらに、最も狙うべき相手スローインの例としては、2023年J2第25節、FC町田ゼルビア対東京ヴェルディにおける町田のMF安井拓也選手がゴールしたシーン（38分）が挙げられます。町田のMF下田北斗選手は中央に入れられた距離のあるスローインを見逃さず、迷わずアタックをかけます（図3）。東京Vの選手はワンバウンドしたボールをトラップで落ち着かせられず、再び弾んだところでボールを奪取。前方にこぼれたボールをFWエリキ選手が拾い、安井選手にパス。安井選手はダイレクトで難なくゴールを決めました（図4）。こちらはボールを奪ってからわずか約5秒のゴールでした。このスローインは「プレッシングトリガー」として挙げられた条件を数多く含んでいます。まさに絶好の狙い目でした。

一方で、プレスを無駄にする、または打開されるプレー、いわゆる「プレッシングキラー」があります。これもこれまでに何度か指摘したとおりです。

①コントロールされたロングボール
②ボール保持者がノープレッシャー

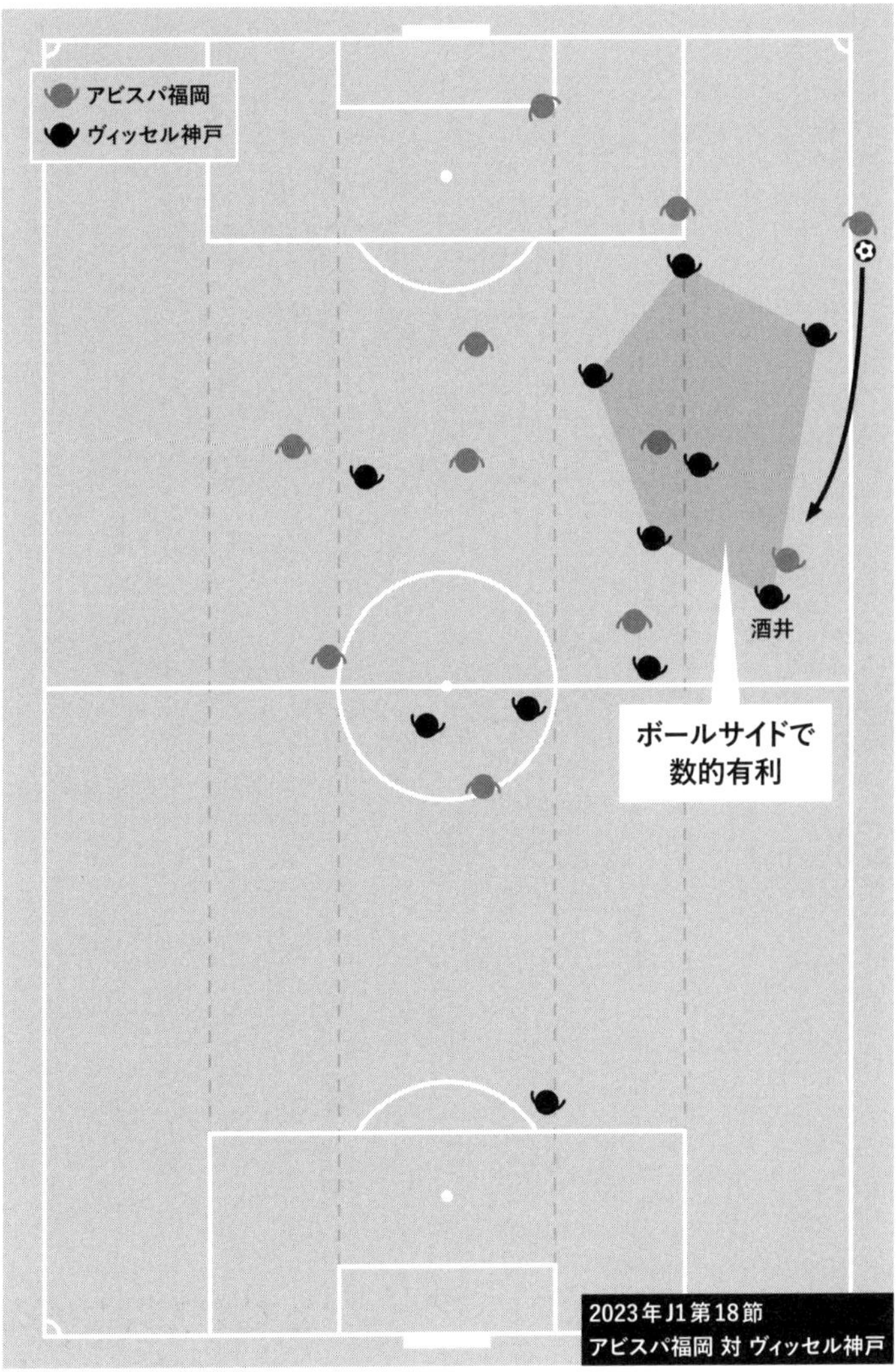

図1：敵陣における相手スローインに対する「Ordnung」

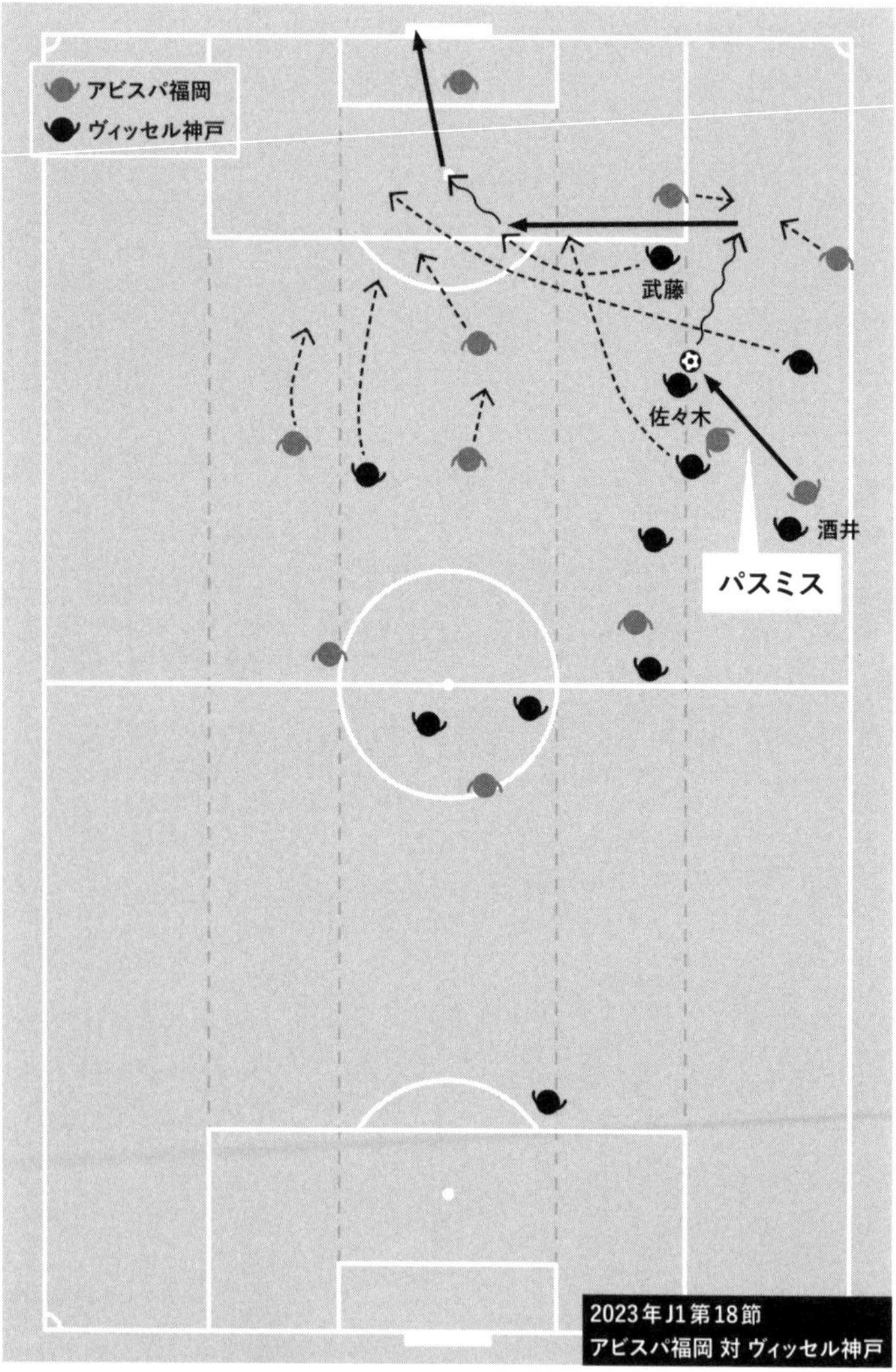

図2：ヴィッセル神戸の「約7秒」のゴール

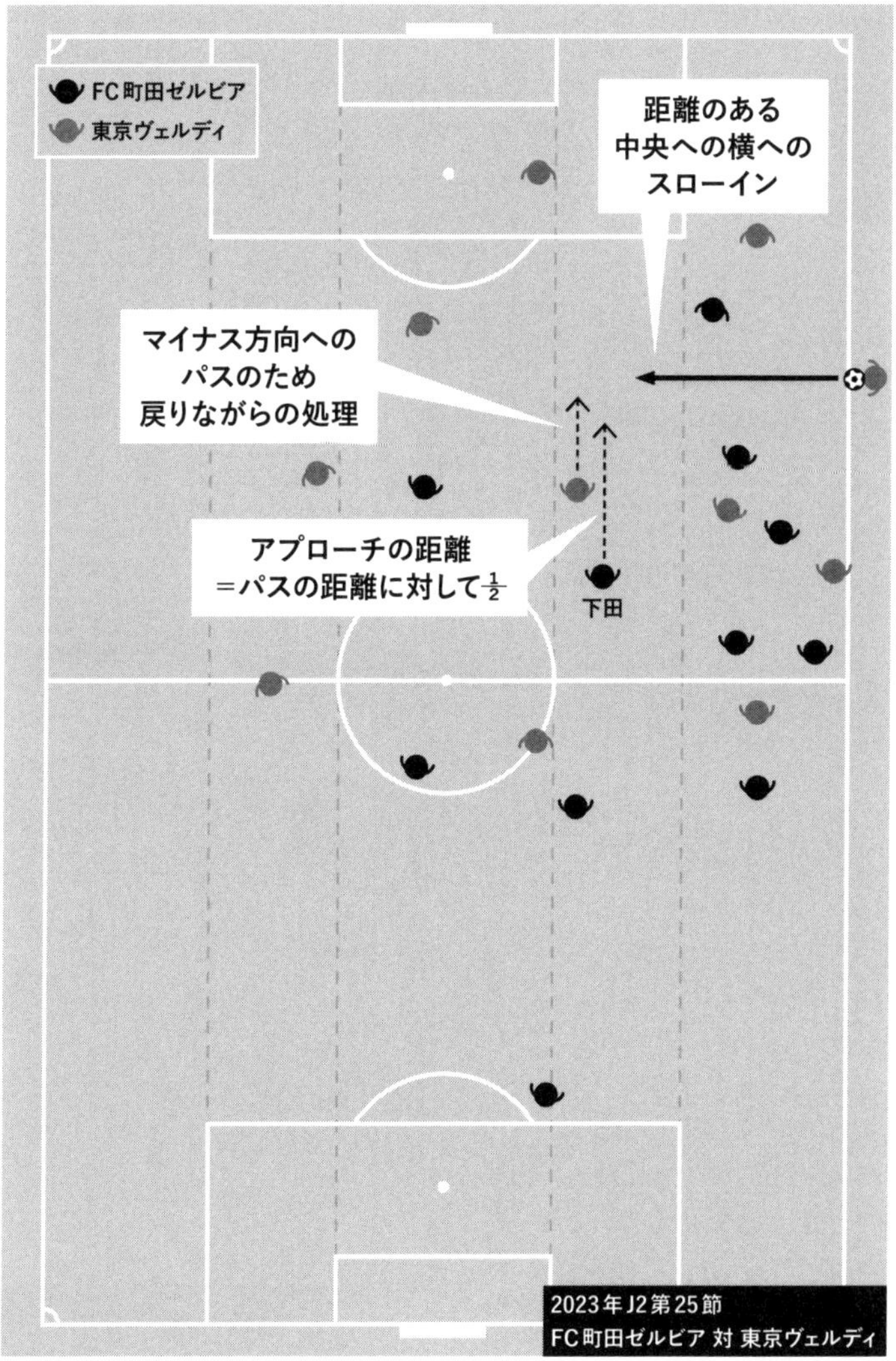

図3：「プレッシングトリガー」の条件

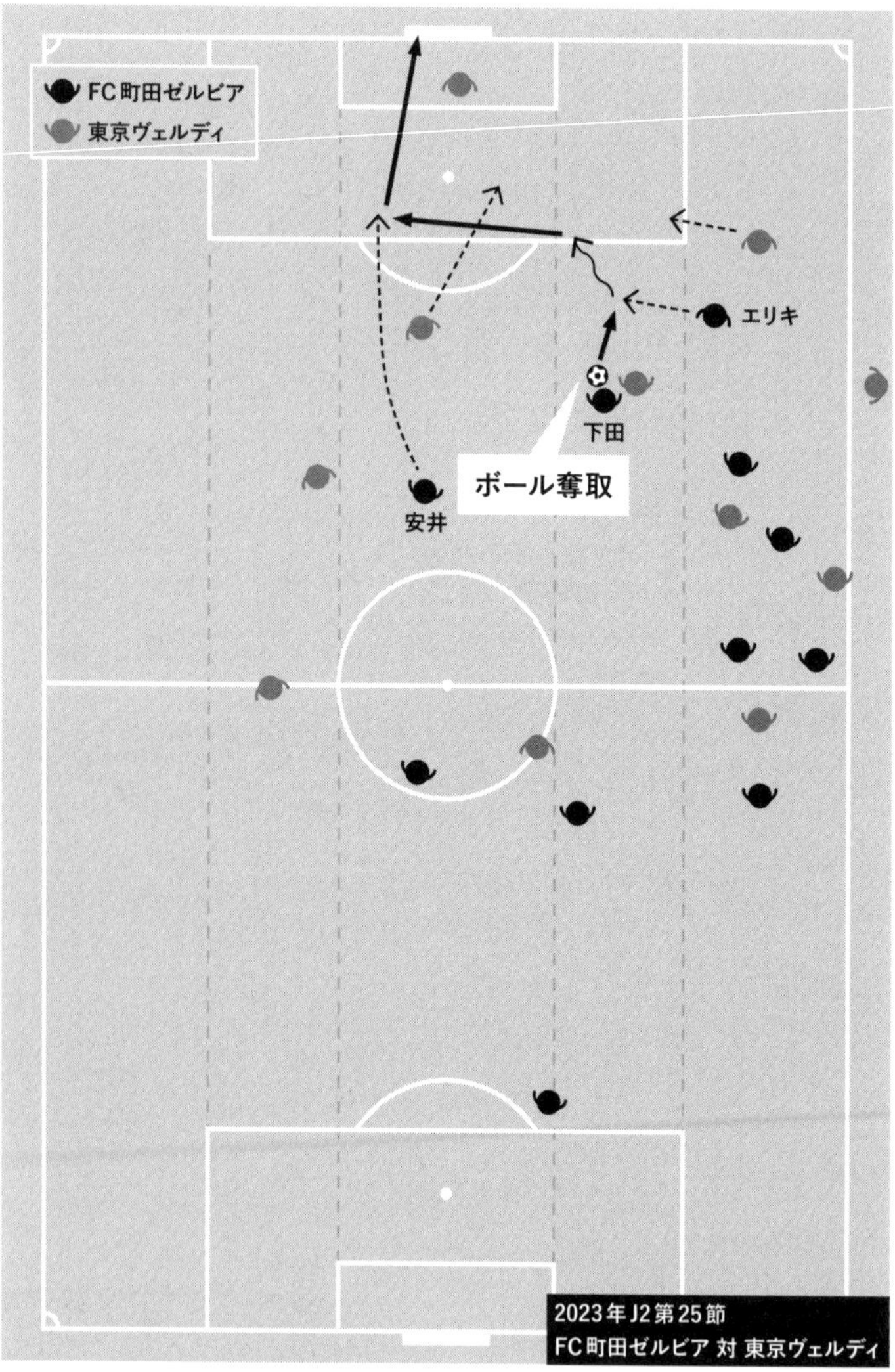

図4：FC町田ゼルビアの「約5秒」のゴール

③ファウル
④チーム全体でスプリントしない（チームがシンクロしていない）
⑤プレーを展開される（特にひっくり返されるようなサイドチェンジは危険）
⑥コントロールされたバックパス

③ファウルはプレスがハマっている場合にはすべきではない、とこれもすでに指摘しています。それ以外の「プレッシングキラー」は基本的にボールに対してノープレッシャー、またはプレッシャーが弱いことによって引き起こされます。したがって、今一度ボールへのアタックの強さは強調されるべきでしょう。それでも、ハイプレス、ハイラインのサッカーを指向すると、ロングボール一発であっさりと失点してしまうことは少なくありません。「BoS（ベーオーエス）理論」にとって、ロングボールへの対策は当然ながら重要となります。「セカンドボールを拾うためにコンパクトにする」のはもっともですが、ここではより明確な対策を紹介します。

DFラインでの競り合いはプレスラインに関係する

相手がロングボールを蹴ってきた際、まずそのボールに頭を越されたFW、MFはセカンドボールのために背走し、ボールに対してコンパクトな陣形にします。もちろん、その前に例えば相手GKに簡単にボールを処理させないことが大事になります。そして、マンツーマンディフェンスへと移行し、セカンドボールを有利に拾うために相手の前に入ります。「なんとなくこの辺に落ちそう」といった曖昧なポジション取りではなく、マンツーマンで相手を捕まえることで、相手にセカンドボールを簡単に拾わせないという発想です（図5）。一番避けたいシチュエーションはセカンドボールを相手にフリーで拾われ、簡単にプレーを展開されてしまうことです。ボールがスペースに落ちた場合は、マンツーマンディフェンスからスタートを切り、そのボールにアプローチします。

チーム全体としてのロングボールへの対策は、まず一人のCBがヘディングを競ったとして、他のDFは深くポジションを取ります（「Tiefensicherung：ティーフェンジッヒャルング」＝「背後のケア」）。右CBがヘディングに競りにいくならば、右CBを頂点として右SBと左CBで背後の「ケアの三角形」（「Sicherungsdreieck：ジッヒャルングスドライエック」）を形成し、深くポジションを取り、より背後をケアします。DFラインの「背後のケア」と頭上を越された選手たちで、前記したように「ロック」する（「Schließen：シュリーセン」）ことで「セカンドボールのリング」を完成させます（図6）。

次に、プレスラインが高い位置で、陣形を整えながらボールを奪いに行ったときに、相手が

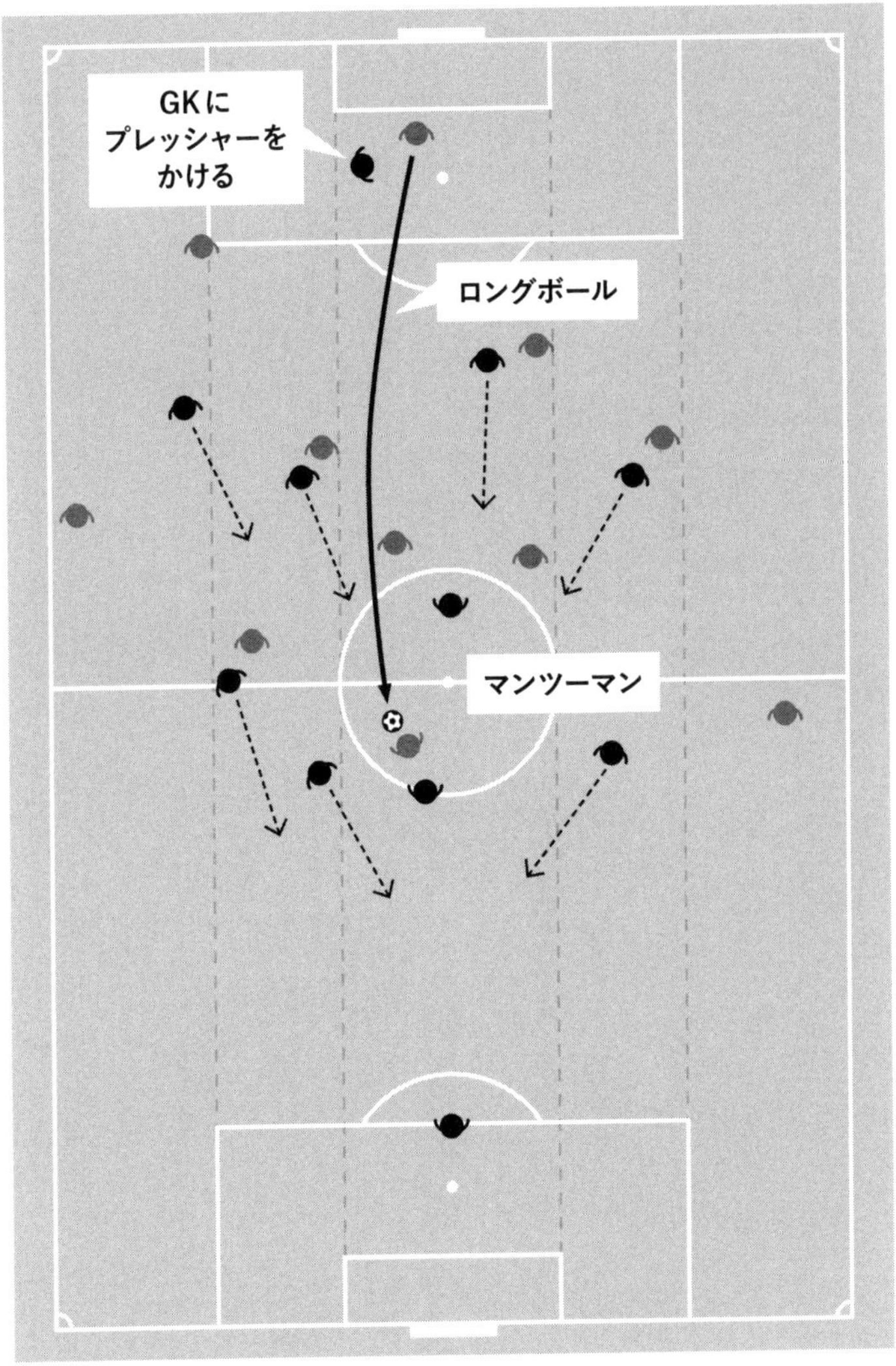

図5：頭上を越されたFW、MFはマンツーマンへ移行

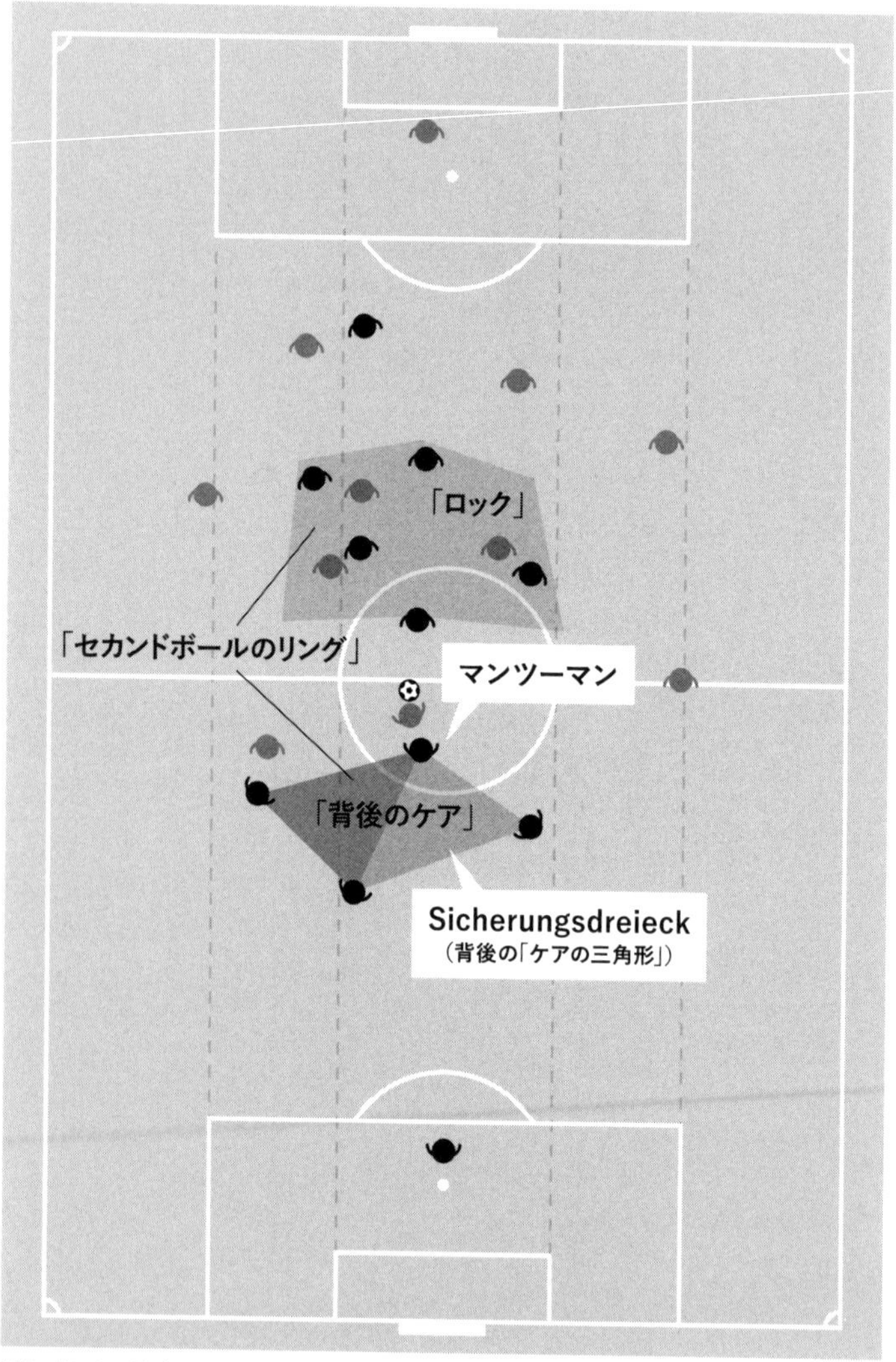

図6：「セカンドボールのリング」

ロングボールを蹴ってくる場合はどうでしょうか。全体的に前がかりになっていることもあり、往々にしてDFラインの選手がヘディングに競り合いにいきます。深い返しのヘディングで再び素早く相手のDFラインまで、またはその背後まで押し戻すには良い条件と言えます。一方で、プレスラインが低い位置で、相手がロングボールを蹴ってくる場合はどうでしょうか。自陣においてセカンドボールにアプローチできる相手の人数が増えますが、ここでのヘディングの競り合い、またはフリックから背後に抜け出そうとする相手の選手は少なくなります。

なぜなら、DFライン＋GKも背後をケアできる状態（深さのコントロール）で、背後を突くのは予測とタイミングが正確に合わない限り難しいからです。CBはヘディングの競り合いにいくのではなく、背後のスペースをケアし、ボールを背後に流させます。DFラインの後ろのスペースは数的優位なのでコントロールできるので、流れたボールを落ち着かせてしっかりと保持します。そして前がかりの相手の背後を狙うか、またはビルドアップを試みます。可能であれば、このロングボールは状況的には中盤、特にボランチがヘディングの競り合いにいきます（図7）。

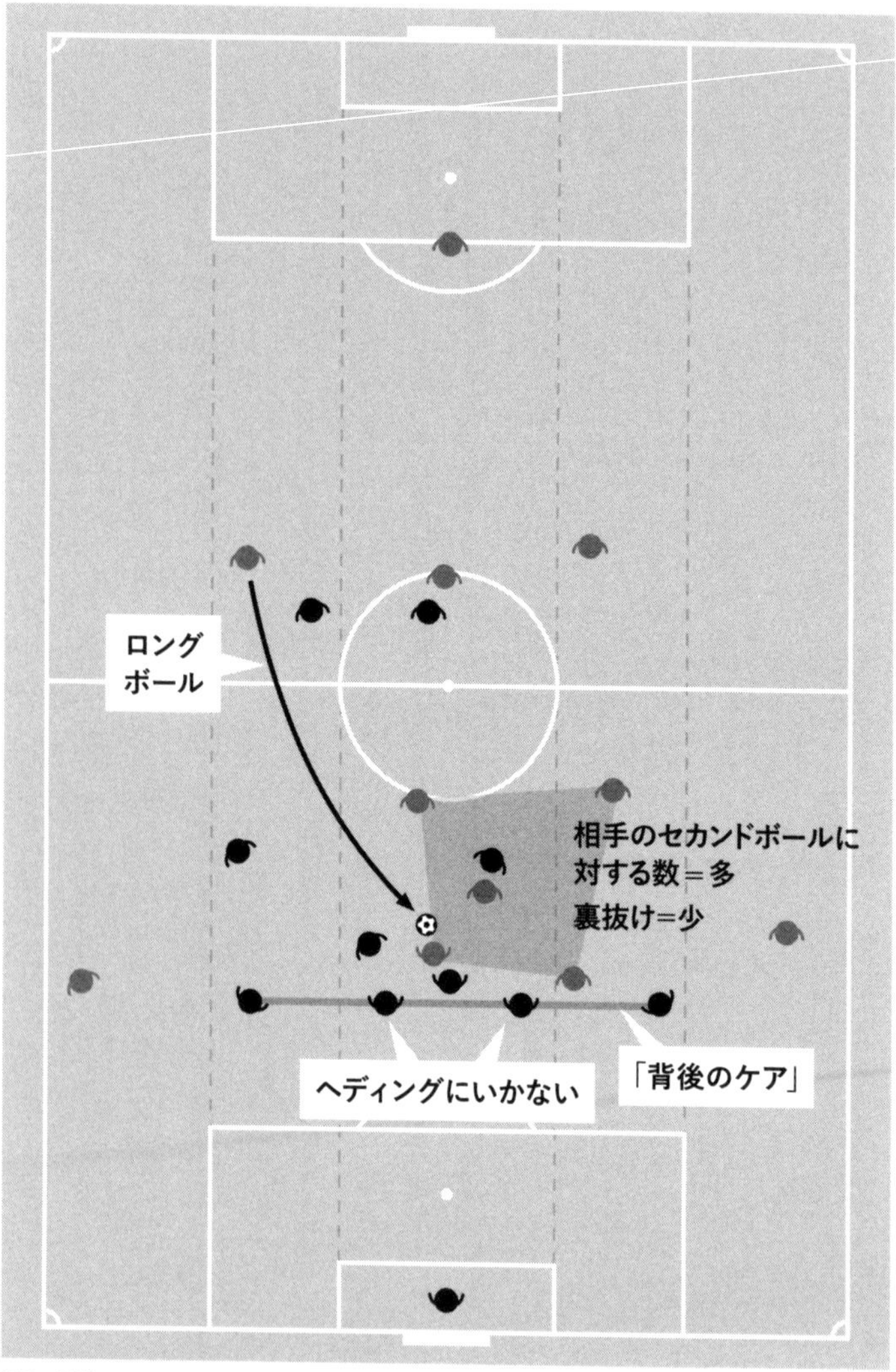

図7：最終ラインにおけるヘディングの競り合いの対応

事故的な失点を防ぐための「セカンドボールのリング」

2022－23シーズンのドイツ・ブンデスリーガ第19節、シュトゥットガルト対ヴェルダー・ブレーメンにおけるシュトゥットガルトの1失点目を、これまで述べてきたロングボールへの対策の視点から解説します。まず、シュトゥットガルト自陣に両チームの選手が集結している状況で、シュトゥットガルトが奪ったボールを前線に向けてプレーするも、そのボールは流れてしまいブレーメンのDFは難なく処理し、GKを使ったビルドアップを試みます。ロングボールの前に、シュトゥットガルトにおける初歩の問題は、相手に渡ったボールをどのように奪いたいのか、でした（図8）。そのままゲーゲンプレスを試みるのか、またはしっかりと陣形を整えてからプレスにいくのか……。

背走してボールをコントロールしようとするブレーメンのDFに対して、広大な敵陣で猛然とアタックにいくシュトゥットガルトの選手は2人しかおらず、その他の選手は様子を見ながらの「なんとなく」の緩慢なプッシュアップで、当然コンパクトさに欠けます。チームの意思統一が曖昧で、結局GKへのバックパスを乱すことはできません。ただ、パススピードは弱く距離的にもシュトゥットガルトのFWはスプリントで十分に二度追いできる状況で、GKによ

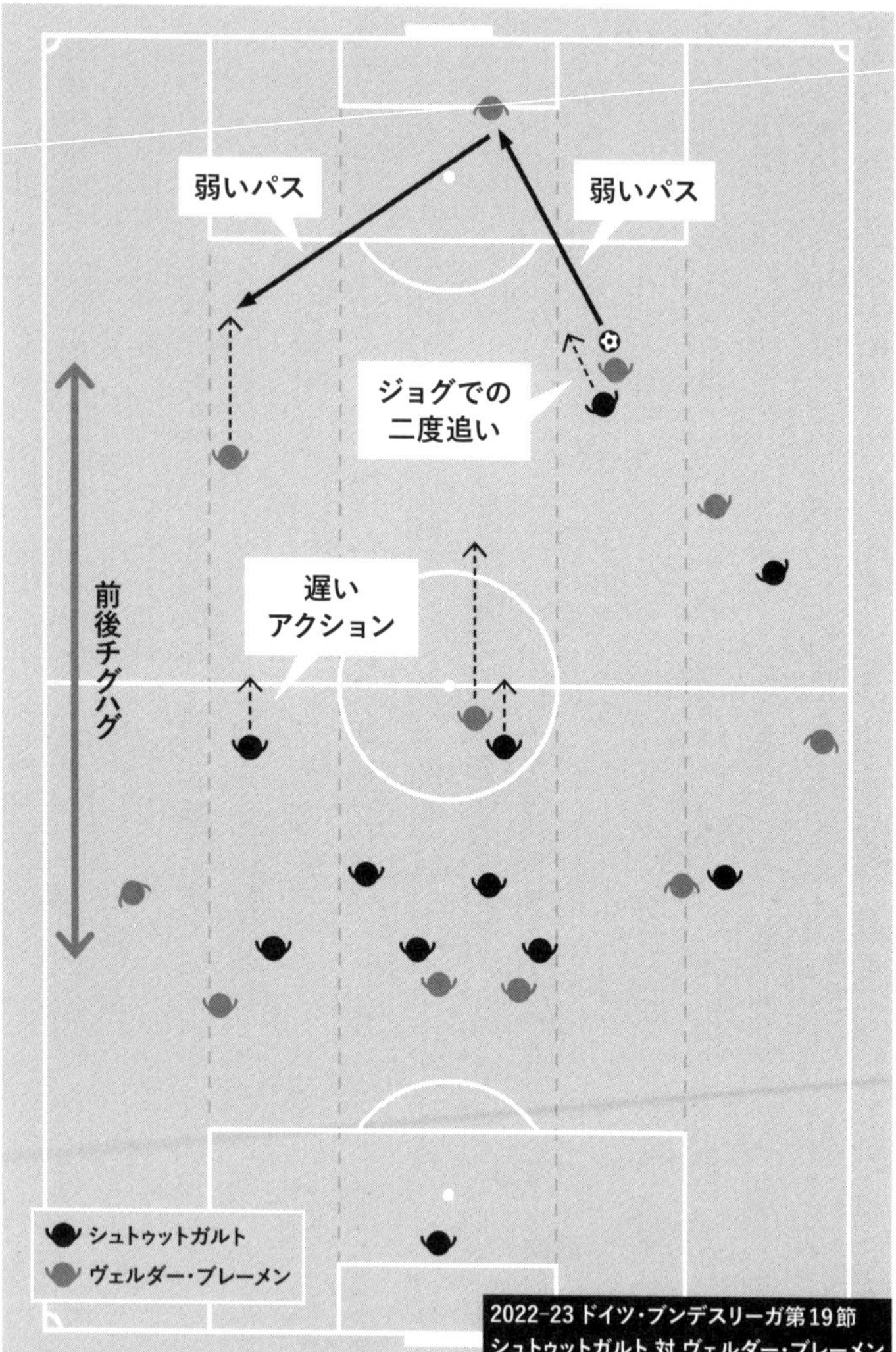

図8：シュトゥットガルトの初歩の問題点

りプレッシャーを与えることができたはずでした。しかし、それにもかかわらずアリバイ的なランニングで流したのはやはり、ゲーゲンプレスを後方からサポートする気配を感じられなかったからと言えます。弱いバックパスのためにGKがダイレクトで右に展開するも、これもパスが弱い。ここでもシュトゥットガルトのアクションが遅いため、ボールを受けたブレーメンのDFは余裕を持って前を向き、ドリブルし縦への選択肢を探るも無理せずGKへバックパス。GKは理想的なボールコントロールで、スムーズに前方へロングボールを蹴り出します。

ビルドアップ中に足元でこれ以上つなげないようなプレッシャーを受けたとき、選択肢としてロングボールを使用することは効果的です。ただし、そのボールはクリアではなく、狙いを持ったパスであることが望まれます。とにかく遠くに蹴り出すのではなく、MFとDFのライン間に狙いを持ったパスにする。空中にあるボールは相手が触れることはできないので非常に効果的です。

もちろん、言うは易しで、現実的には正確無比なロングボールは技術的に簡単ではなく、滞空時間がある分、相手にアプローチもされやすく、さらに受け手の浮き球のコントロールも重要になります。しかし、ブンデスリーガのレベルであれば、プレッシャーが弱ければ比較的達成できるでしょう。この事例でも、非常に深い位置ながらGKから狙いを持ったロングボールが出されました。それは前述した「プレッシングキラー」の一つ、「コントロールされたロングボール」の一例と言えます（図9）。

　ここからが、ようやく本題のロングボールへの対応です。まず、このキックが起点となり、どのように失点したかと言えば、シュトゥットガルトのDFラインの押し上げが緩慢なため、ブレーメンの長身2トップが慌てることなくロングボールに反応し、その一人である典型的9番タイプのドイツ代表FWニクラス・フュルクルク選手がヘディングの競り合いにいきます。フュルクルク選手のクレバーなボディコンタクトでシュトゥットガルトのボランチ、アタカン・カラゾル選手がヘディングでクリアしにいくも後逸してしまいます。

　結局、ボールはダイレクトに地面に落ち、大きくバウンドします。それを待ち構えていたもう一人のFWマルヴィン・ドゥクシュ選手がそのこぼれ球をヘディングでクリアしようとするシュトゥットガルトのDFにしっかりと身体を当て潰れ役となり、ボールに触れさせません。誰にも触れられないままボールは2バウンドし、ヘディングの競り合いからすかさず前方へスプリントしたフュルクルク選手がボールをキープし、ゴールへ向けドリブルを開始します。背走したシュトゥットガルトのDF3人にペナルティアーク手前で囲まれ、混戦から出てきたボールはフュルクルク選手を追走したMFイェンス・ステーイ選手へのパスになり、直接シュートを打たれ失点。ここでは背走しながらの守備の困難さ、事故の起きやすさも付け加えておきたいところです（図10）。

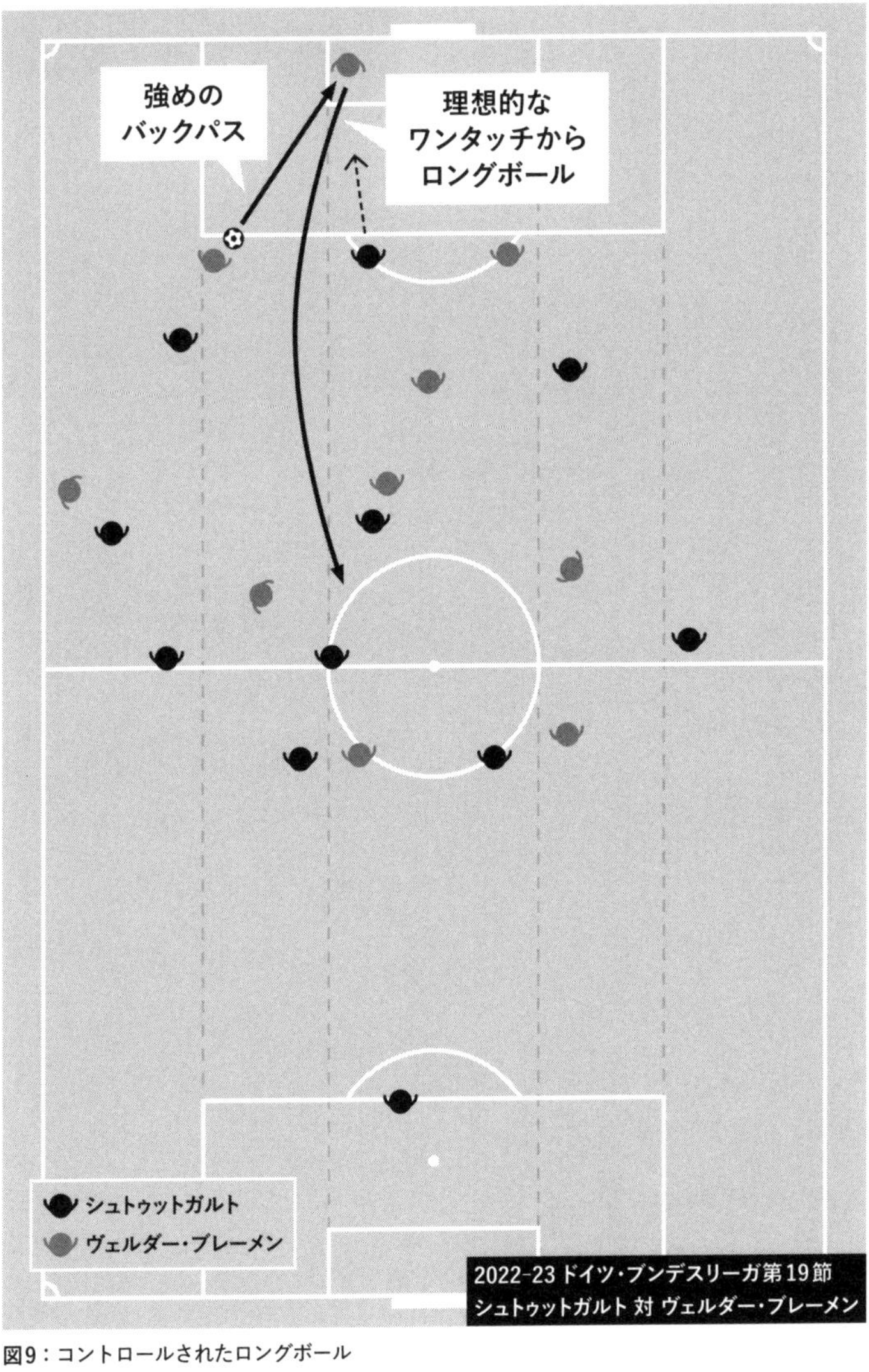

図9：コントロールされたロングボール

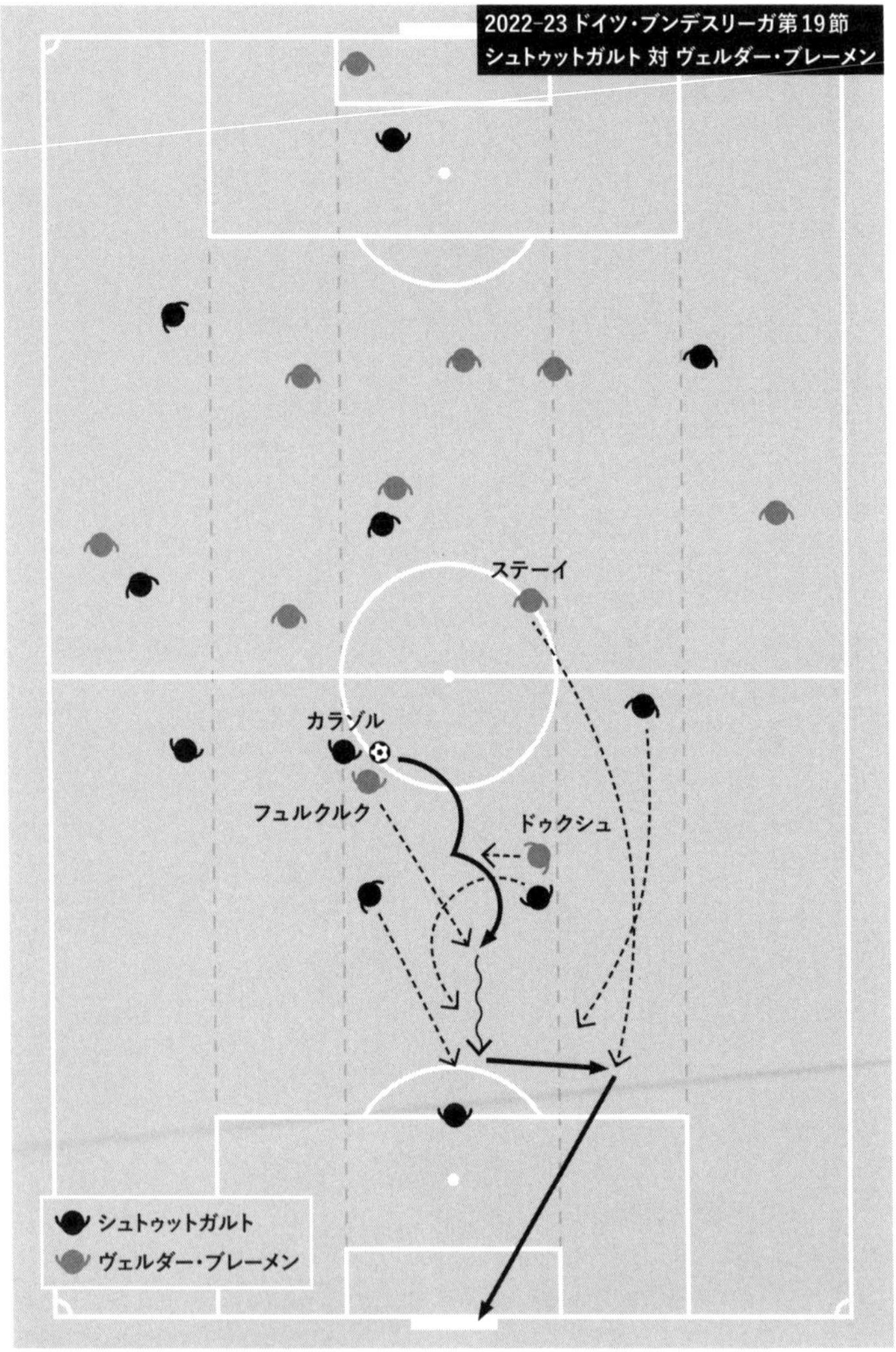

図10：シュトゥットガルトの失点シーン

では、「セカンドボールのリング」の観点から見てみましょう。ブレーメン自陣のゴールライン際からハーフウェーラインをも越える超ロングキックに対して、「背後のケア」は2人のみ。その一人はドゥクシュ選手にチェックされ、190センチ近くあるパワフルでヘディングも強いブレーメンの2トップを考えれば非常に心許ないものでした。次に「ロック」はと言えば、こちらも不十分。もしボールが前に落ちたとしても、ブレーメンが有利であり、拾われればゴールまで最短距離で一直線となります（図11）。

このロングボールはシュトゥットガルトの7人の選手たちの頭上を一気に越えたことになります。「飛距離が60メートルくらいあるボールの対空時間は当然長いだけに、SBがDFラインに加わる時間は十分にありました。少なくともこの場合は、ボールの逆サイドにいた右SBが最低でも「背後のケア」を担うべきだったでしょう。SBだけではなく、頭上を越された他の選手たちもセカンドボールのために素早くコンパクトにならなくてはいけません。

シュトゥットガルトのMF2人はセンターサークル付近にいるよりボールに近いブレーメンの2人をチェックし、場合によってはマンマークにいき「ロック」をかけなければなりません。頭上を越えたボールを軽く背走しながら眺め、なんとなく落ちてくるだろうボールの落下地点を予測するのではなく、「セカンドボールのリング」をすぐさま完成させ、マイボールの可能性を高めて、さらに事故的な失点を未然に防ぐ必要がありました（図12）。

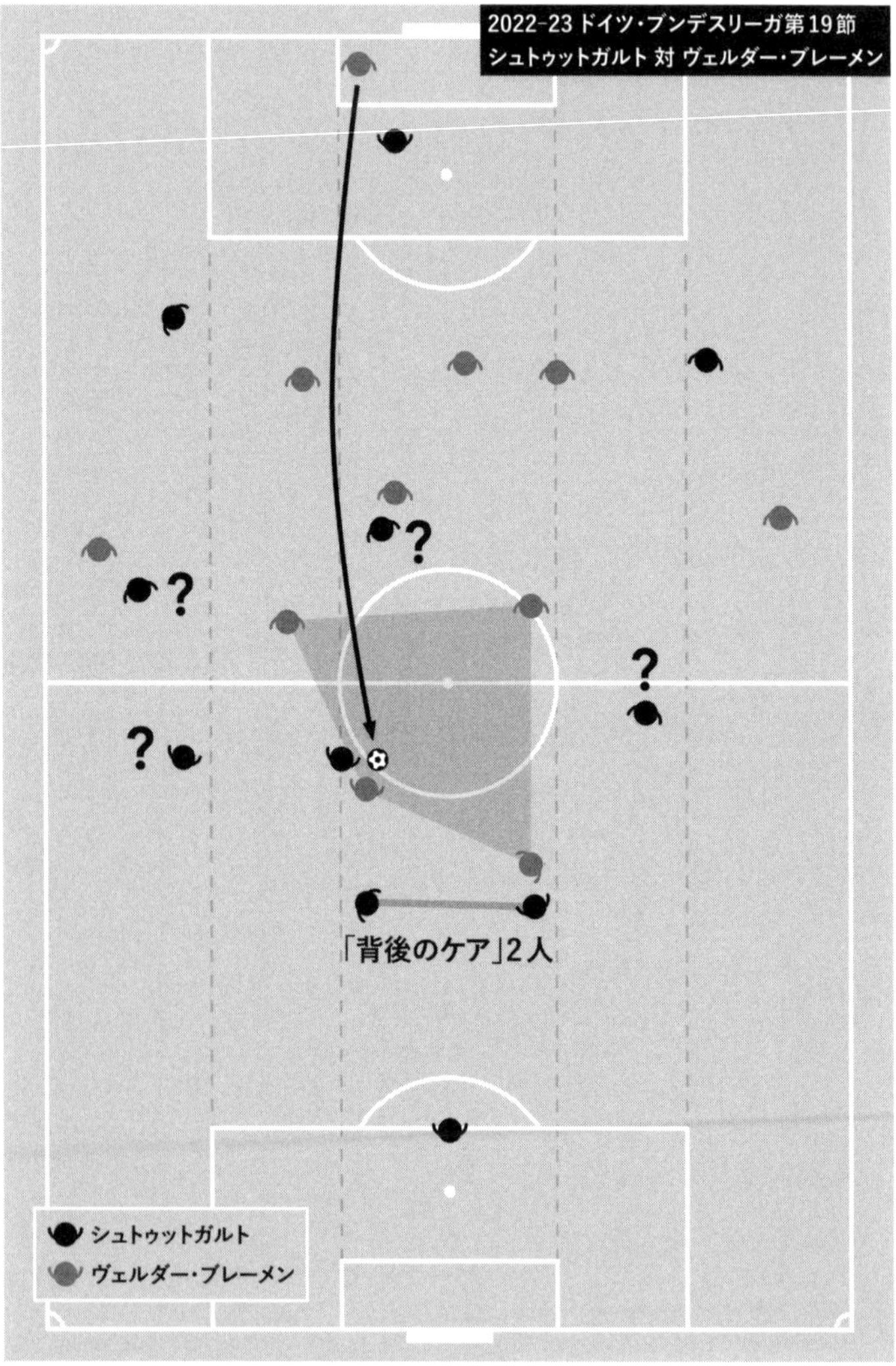

図11：シュトゥットガルトのロングボール対応の問題点

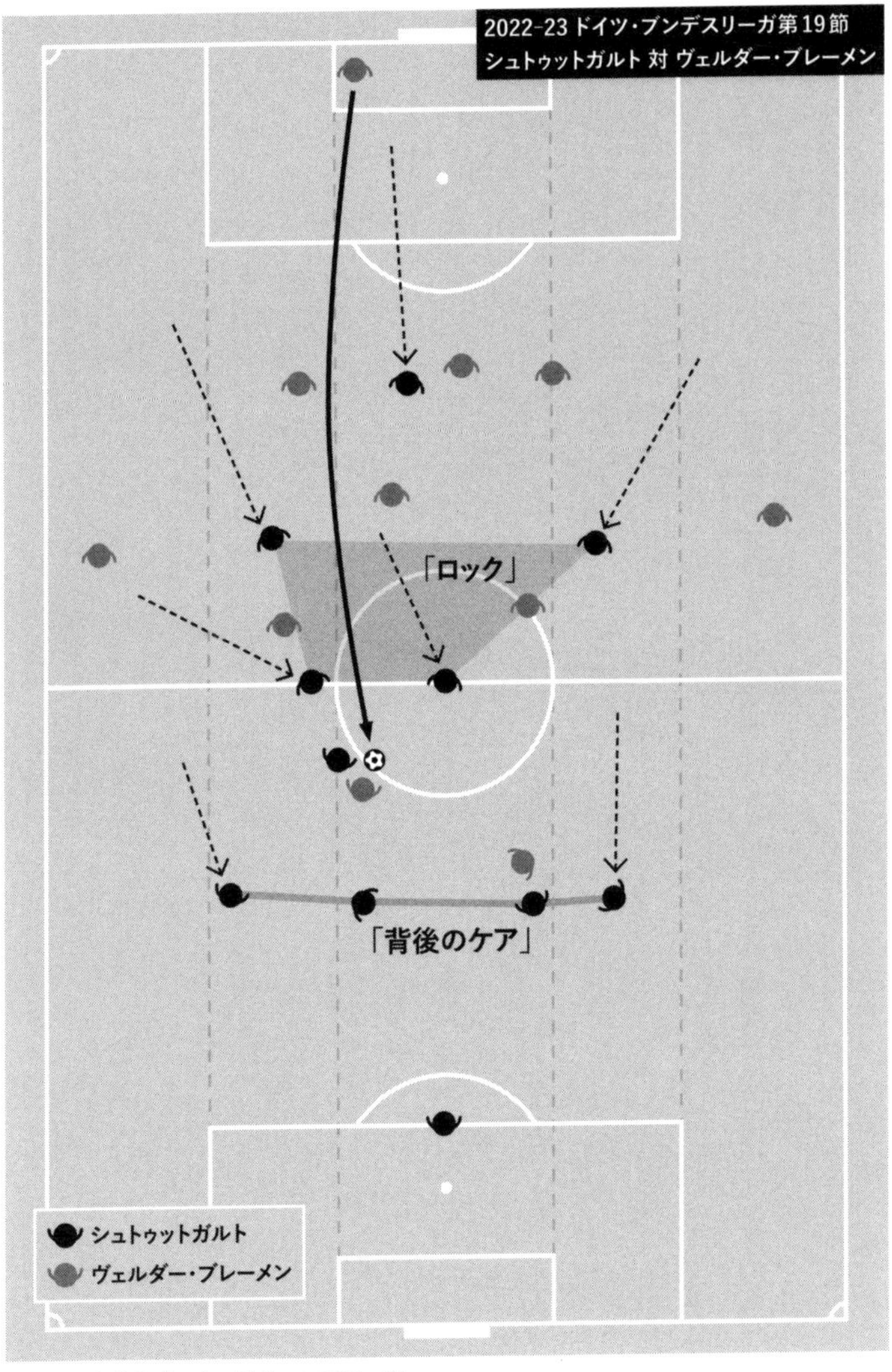

図12：理想的な「セカンドボールのリング」

「BoS的リスクマネジメント」が常時攻撃態勢を支える

ドイツ語で「Restverteidigung（レストフェアタイディグング）」というサッカー専門用語があります。「Rest（レスト）」は「残り」で、何度も出てきている「Verteidigung（フェアタイディグング）」は「守備」という意味です。直訳すれば「残りの守備」であり、いわゆるリスクマネジメントのことを指します。「BoS的リスクマネジメント」はまず、攻撃の選択肢になっていないすべての選手たちが、カウンターの起点をしっかりマークし捕まえます。一人余っている状態が理想的ですが、BoS的には場合によっては同数も十分ありえます。特にCBは、すぐさまこのリスクマネジメントをオーガナイズし、カウンターの起点をタイトにマークし、しっかりと潰し、さらにボールを奪って攻撃を継続することが求められます（図13）。単にクリアで相手の攻撃を止めることだけを考えるのではなく、積極的に相手より先に前に入り（「Vordeckung：フォアデックング」）、パスカットを狙いマイボールにし、出来る限り敵陣で押し込み続け、波状攻撃を仕掛けます。したがって、集中力を高め、タイトにカウンターの起点を捕まえる必要があります。

このプレー態度はゲーゲンプレスの場合にも欠かすことはできません。自陣背後の大きなス

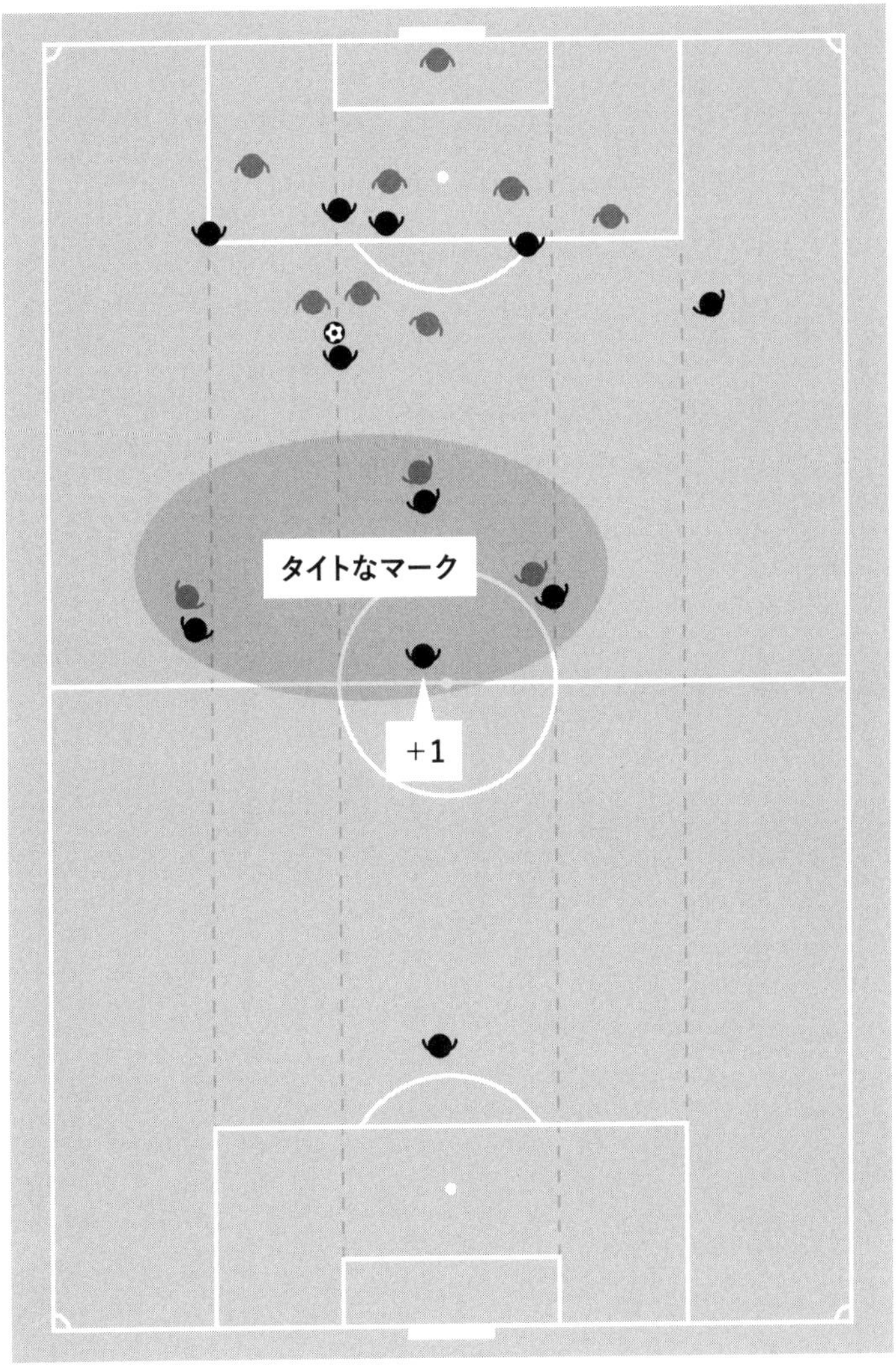

図13：「BoS的リスクマネジメント」のオーガナイズ

ペースを気にするあまり、裏を取られたくない一心の緩いマークでカウンターを許し、自陣深くまで背走しながら後退し、最後は失点……。たとえ失点はしなくとも、相手に自陣深くまで入り込まれてしまえば、そこから再びゴールを目指すためには距離がありすぎます。最終ラインで数的優位だとしても、ボールにしっかりアタックできないのなら、そこにいるDFたちはただの「石」同然です。結局、1本のパスで簡単に裏を取られてしまいます。敵陣にボールがあるにもかかわらず、「最終的に失点させなければよい」というようなパッシブ（受動的）なリスクマネジメントはBoS的とは決して言えません（図14）。

パッシブなリスクマネジメントからの失点の典型的な実例として2023年のJ3第29節、SC相模原対ギラヴァンツ北九州戦における北九州の2失点目が挙げられます。72分50秒、北九州は理想的にボールを奪いカウンターに出ます。バイタルエリアでボールを受けたFW平山駿選手がペナルティアーク少し手前からシュートをするもブロックされ、その位置でボールはフィフティーフィフティーの状態。このときにボールを拾った相模原はダイレクトで前線のFW安藤翼選手にボールを入れます。フリーの安藤選手は前を向き、前線にいたもう一人のMFデューク・カルロス選手と60メートルくらいの壮大なワンツーで安藤選手がゴールを決めました。北九州のロングカウンターを相模原がロングカウンターで仕返した形です。

北九州は攻撃中に安藤選手とカルロス選手を完全にフリーにしていたため、あっさりと2本

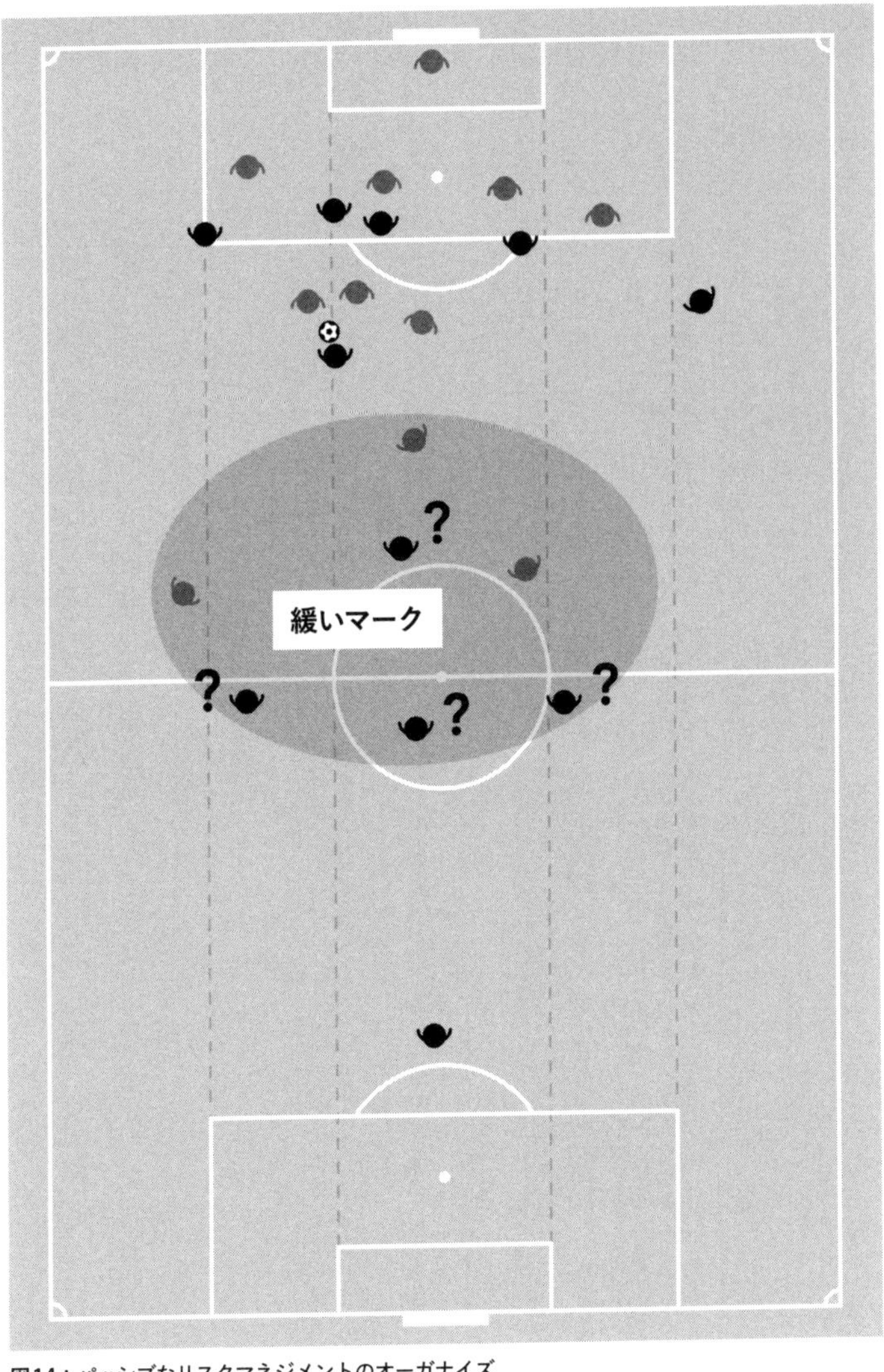

図14：パッシブなリスクマネジメントのオーガナイズ

のパスで自陣ペナルティエリア内まで運ばれて失点してしまいました。パッシブなリスクマネジメントにより、ＤＦが「石」化してしまっていることが明確です（図15）。この場面では左ＣＢの長谷川光基選手が安藤選手を、右ＳＢの坂本翔選手がなんとなく右に張り出すのではなく、カルロス選手をしっかりと捕まえ、右ＣＢの村松航太選手が「プラス１」となることが「ＢｏＳ的リスクマネジメント」として最適解でしょう（図16）。

相模原のロングカウンターが非常にエフェクティブ（効果的）であったのに対して、北九州は絶好のロングカウンターのチャンスに手数をかけたせいで、はじめは４人しかいない相模原ＤＦ陣から、さらに４人の帰陣を許し、８人がボールより後方に来て、ボールに対して正面からアタック（「Vorwärtsverteidigen：フォアヴェアツフェアタイディゲン」）され、シュートブロックされました。北九州のゲーゲンプレスはというと、ボールに対して良い網が張れていません。平山選手のドリブルからシュートに対して、ＭＦ永野雄大選手が後方で傍観するのではなく、積極的に前方に出てサポート（「Nachdoppeln：ナッハドッペルン」）すべきでした。そうすれば、このシーンのようにシュートブロックされ、ゴチャっとなった状況で永野選手は素早くゲーゲンプレスに参加できていたはずです（図17）。さらにこの攻撃に言及するならば、永野選手が前方に出ることによって、ボールサイドで数的優位の状況が生まれます。これこそが、まさにゴールを予感させる攻撃になります。

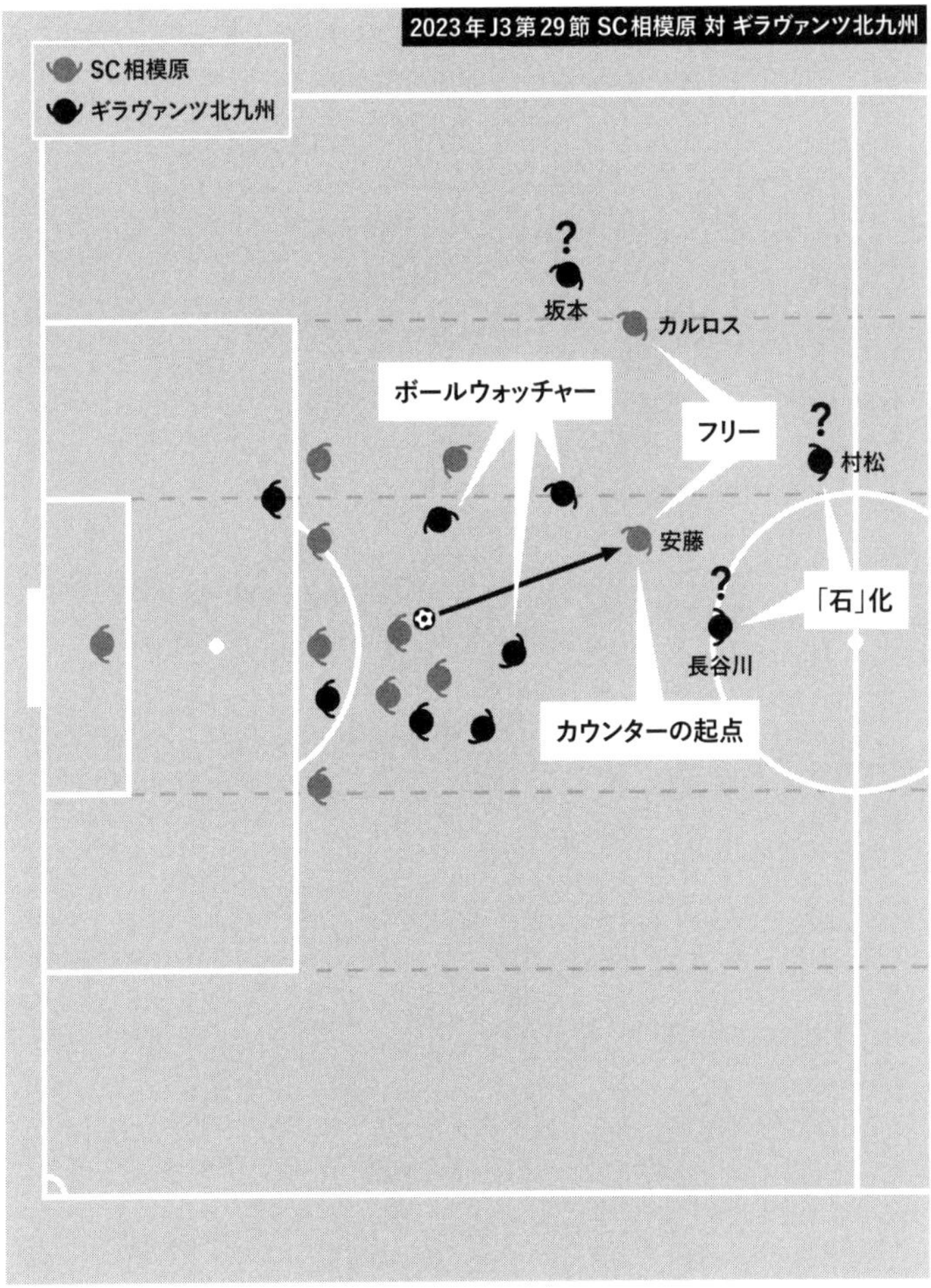

図15：パッシブなリスクマネジメントによる「石」化

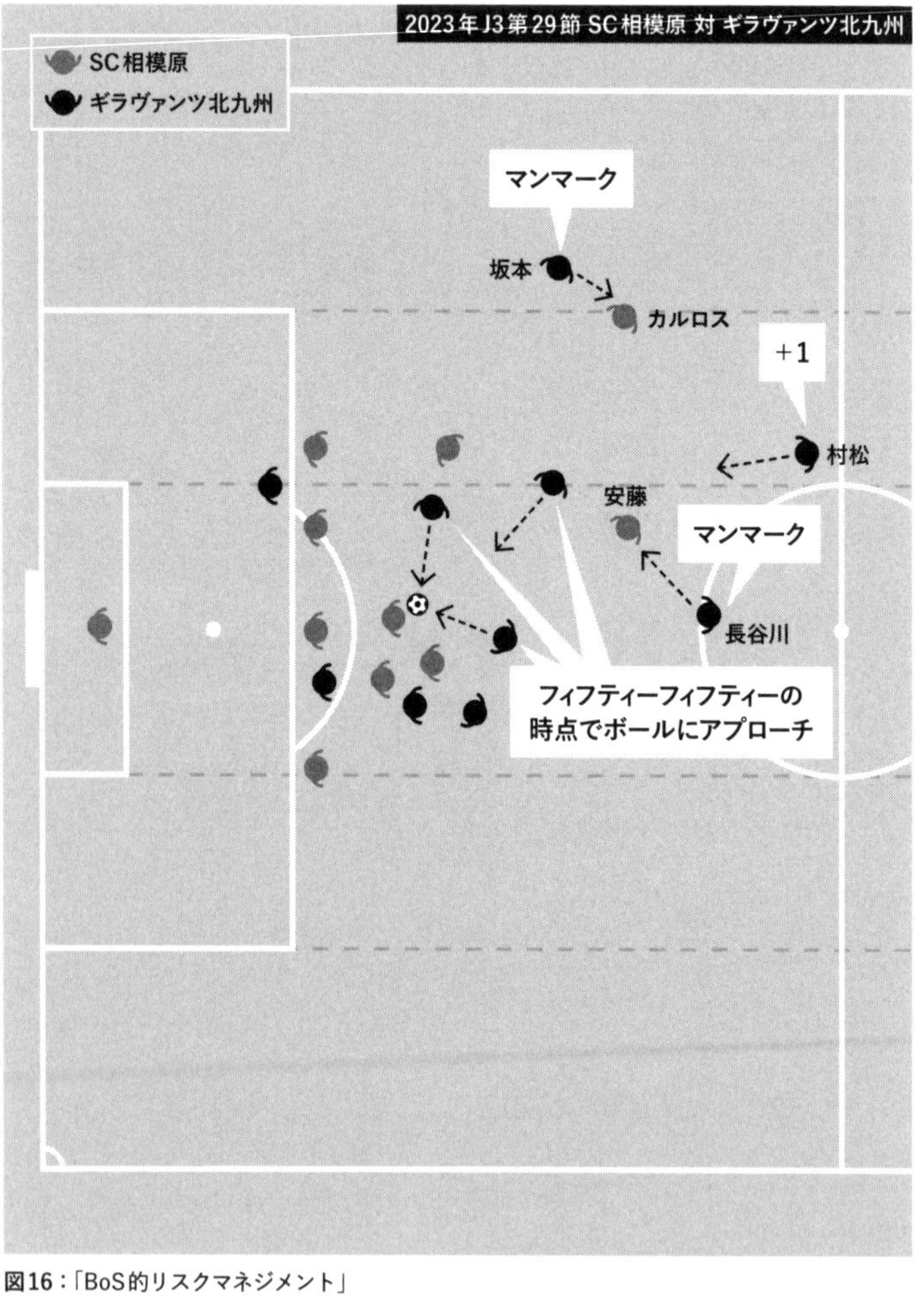

図16：「BoS的リスクマネジメント」

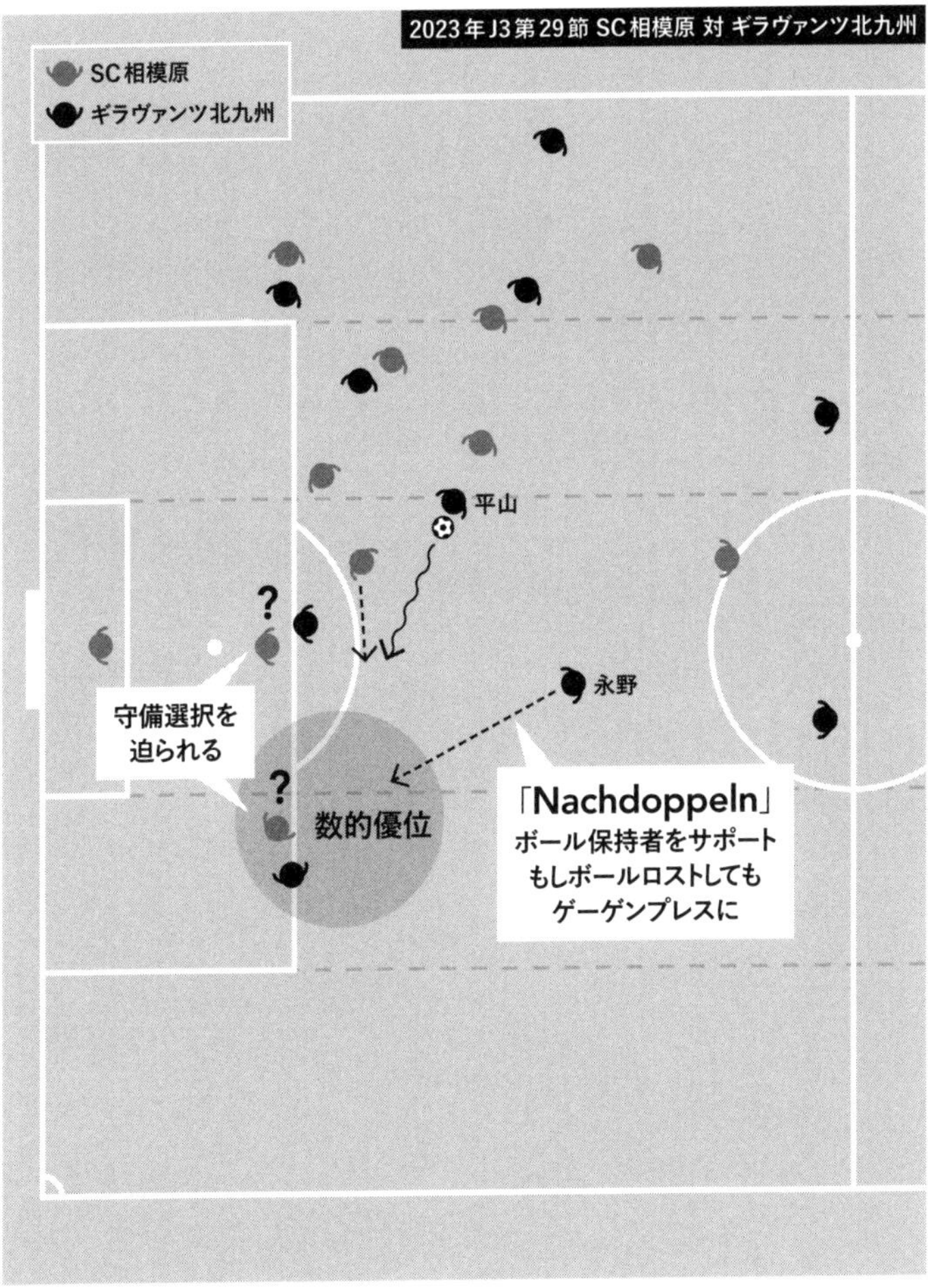

図17：「Nachdoppeln」の2つの意味

ところで、試合中に「シュートで終わろう！」と、監督、コーチからよく声がかけられます。まったくもってそのとおりなのですが、それは一体なんのためでしょうか？　ＢｏＳ的解釈としては、シュートで終わることによって、一旦プレーが切れ、ボールがゴールエリアにセットされた状態でプレーが再開するため、ボールを奪うことや攻撃を遅らせることへの煩雑さはなく、11人がボールより後方に整然と構えることができます。これまで何度も述べてきたように、「Ballgewinnspiel」の基本は、ボールより後方に11人がコンパクトに構え（「Ordnung」）、ボールに対して前方へアタックすることです（「Vorwärtsverteidigen」）。そうなると、攻撃側はゴールに辿り着くのが難しくなり、オンプレーでボールを失った場合、いわゆるネガティブトランジション（攻→守）の局面になります。ここでゲーゲンプレスが発動するわけです。

私の言うゲーゲンプレスはすでに述べたとおりですが、ここでは攻撃との関係性を補足します。ゲーゲンプレスが成功裏に終わるためには、ボールに対して素早く良い網を張ることが必要です。良い網を張ることによって、ボール奪取後にゴールを陥れやすくなります。相手のボールロスト後にボールに対して良いポジショニングで網を張る秘訣は、ボールロスト前の攻撃にあります。「ＢｏＳ的攻撃」は特に敵陣では中央を狙う攻撃をメインとし、最小限の幅でプレーを展開する……。紙幅の都合上、具体的にどのような攻撃手段がゲーゲンプレスに結びつくのか、残念ながら言及できませんが、**図17**が一つのヒントとなります。この攻撃の基本コンセプトこそがゲーゲンプレスの成功を可能にします。

逆に言えば、極端にゴールを意識した縦への勇気あるアクティブなポゼッションや攻撃は、このゲーゲンプレスがあるからこそ許されます。この相互関係は、より良いゲームコントロール、バラエティに富んだゴールチャンスを創出します。また、常にフィールドを縦横フルに使用せず、敵陣に押し込んで長くプレー（「エコノミック：経済的」なプレー）ができれば、体力を保持でき、アクティブにボールへアタックできることは想像に難しくはないでしょう。

したがって、ゲーゲンプレスはこれらの錨的な役割を果たします。ただ、錨的なゲーゲンプレスがあるとしても、ボール非保持側はネガティブトランジションの局面こそピンチを招く瞬間であり、最も注意しなければなりません。出来る限りこの局面を避けるという意味で、「BoS的リスクマネジメント」で波状攻撃を継続させ、そして攻撃を完結させることが重要です。まずは、「『BoS的リスクマネジメント』と攻撃の完結」を前提とした、ゲーゲンプレスからの一連の「Ballgewinnspiel」を今一度考えてみてください。

おわりに

季刊誌『フットボール批評』の連載が始まる前は、ボール非保持時とボール保持時を含めて合計8回くらいで、私の学んできたことは十分書き切れるだろうと思っていました。結局、残念ながら休刊もあって、連載は7回で終了しました。あと1回ですべてが終わる予定が、なんとボール非保持時でさえ書き切れていない……。私がドイツで20年学んできたことは、文字に起こすと、自身の予想を大きく上回る情報量となりました。

本書はそんな私のドイツサッカー体験記、というよりはジェットコースターのような人生の冒険記と言えるかもしれません。ドイツ滞在20年という節目でこのような書籍を出版でき大変幸せです。

「Brain Activity」の創始者で、ドイツ代表にも帯同経験のある脳のスペシャリスト、エフィことエフティミオス・コンポディエタス氏と、ここ数年特に親密に交流をしています。彼とは古巣シュトゥットガルトで一緒に仕事をしていました。彼から多くのことを教わっていますが、その一つに、「ストレス（不安や心配ごとなど）は過去と未来から来る。しかし、現実は身体があるこの現在だけだ」と。したがって、「マインドを過去や未来に右往左往させず、現実的に今この瞬間しかできることがないのだからそこに集中しなさい」と。

「ＢｏＳ（ベーオーエス）理論」は、まさに今この瞬間にフォーカスしたサッカー理論です。サッカーにとって「今」とは「ボール」のことではないでしょうか？　ボールの位置や状況によって、人やスペースについて考えなければならない。なんとなく背後を狙われたら怖い、事故的なプレーがあったらどうしよう、などと「今」を蔑ろにし、未来に苛まれたパッシブ（受動的）なサッカーは個人的に許容できません。失点を怖れるのではなく、ダイナミックに、クリエイティブに、アグレッシブにそしてアクティブ（能動的）にゴールを奪いに行く。そんなサッカーが選手にとっても、観る人にとっても楽しいのではないでしょうか。「ＢｏＳ理論」は人々を魅了するサッカーを保証してくれると確信しています。

実はありがたいことに、これまでにも何度か書籍の出版のお話がありましたが、そのたびにまだまだ若輩者、修行中の身、人様に向けた書籍などは……という理由で断っていました。一方で、大学院生時代に出会った川原栄峰先生の『哲学入門以前』（南窓社）のあとがきが頭をよぎります。その冒頭、「ソクラテスは本を書かなかった……」から始まる一節、キリストも釈尊も孔子も本は書かなかった、つまり一流の人物は本を書いていない、ということです。

傲岸不遜、身の程知らずな私の気持ちに終止符を打ったのが、東京工業大学附属科学技術高校の教員、進藤正幸先生でした。故郷の兼六園を一人散策していたとき、先生からの電話で説得され思案した末、「書くぞ」と覚悟を決めました。生粋のわがまま人間による連載の編集に三人四脚で粘り強く携わってくれた、カンゼンの石沢鉄平氏、ライターの孫勝基氏にも大変ご迷惑をおかけしました。ドイツ語訳で四苦八苦している私に、渡独当初からお世話になっている弁護士のリヒャルト正光シャイフェレ先生が的確な指導をくださいました。酒井高徳選手は紆余曲折の人生を歩む私にサッカー指導者としての矜持を保ち続けさせてくれました。高徳選手なしでは、決して筆を取ることはできませんでした。年下ながら、公私ともにいつも寄り添ってくれ、家族のような存在は安心感を与えてくれます。本書に携わっていただいたすべての皆様に心より感謝申し上げます。

最後に。物心ついたときからやりたい放題の私に反対することなく、常に寛容であり、見守り続けてくれた両親にはまったく頭が上がりません。もっと多くの感謝を述べたいところですが泣きそうになるので、あと一文だけ。あなたたちの息子で本当によかった。

私のサッカー探求の旅はまだ続きます。

2023年10月　河岸貴

本書は、サッカー季刊誌『フットボール批評』（小社）の連載
「現代サッカーの教科書」を加筆・修正し、書き下ろし原稿を加えたものです。

〈初出〉

1「ＢｏＳ理論」～『フットボール批評 issue33』（小社）２０２１年10月号

2「Ballgewinnspiel：ボールを奪うプレー」～『フットボール批評 issue34』（小社）２０２２年１月号

3 敵陣における「Ballgewinnspiel」～『フットボール批評 issue35』（小社）２０２２年４月号

4 敵陣における「Ballgewinnspiel」不成立時の移行～『フットボール批評 issue36』（小社）２０２２年７月号

5「Der Kreislauf des Ballgewinnspiel：ボールを奪うプレーの循環」～『フットボール批評 issue37』（小社）２０２２年10月号

6 中盤における「Ballgewinnspiel」～『フットボール批評 issue38』（小社）２０２３年１月号

7 自陣における「Ballgewinnspiel」～『フットボール批評 issue39』（小社）２０２３年４月号

〈書き下ろし〉

8 その他の「Ballgewinnspiel」

本書に登場するドイツ語一覧（※登場順）

Das Ballorientierte Spiel
（ダス・バルオリエンティールテ・シュピール）：ボールにオリエンテーションするプレー
bei eigenem Ballbesitz（バイ・アイゲネム・バルベジッツ）：ボール保持時
bei gegnerischem Ballbesitz（バイ・ゲーグナリッシェム・バルベジッツ）：ボール非保持時
Ballgewinnspiel（バルゲヴィンシュピール）：ボールを奪うプレー
ständige Angriffsbereitsschaft der Mannschaft
（シュテンディゲ・アングリフスベライツシャフト・デア・マンシャフト）：チームの常時攻撃態勢
Torwart（トアヴァート）：ゴールの番人
Torhüter（トアヒュッター）：ゴールの番人
Tor（トア）：ゴール
Spieler（シュピーラー）：プレーヤー
Torspieler（トアシュピーラー）：ゴールプレーヤー
erster Blick nach vorne（エアスター・ブリック・ナッハ・フォルネ）：最初の視線は前方へ
Ziel（ツィール）：目的
Fußabwehr（フスアプヴェア）：足でのシュートストップ
Kommando（コマンド）：コーチング
Ordnung（オールドヌング）：陣形を整えろ!!　陣形の秩序を保て!!
Ordner（オールドナー）：フォルダ
Kompakt（コンパクト）：コンパクトに!!
Schieben（シーベン）：スライドしろ!!
Rüber（リューバー）：スライドしろ!!
zum Ball laufen（ツム・バル・ラウフェン）：ボールに向かって走れ!!
Angreifen（アングライフェン）：アタックしろ!!
Greif an（グライフ・アン）：アタックしろ!!
Geh drauf（ゲー・ダラウフ）：アタックしろ!!
Druck（ドゥルック）：プレッシャーをかけろ!!
Hol den Ball（ホール・デン・バル）：ボールを奪え!!
Jagen（ヤーゲン）：（ボールを）追え!!
Freude（フロイデ）：喜び
Fallen（ファレン）：戻れ!!　帰陣しろ!!
Angebot（アンゲボート）：狙いどころ
Steuern（シュトイアン）：（ボール保持者を）コントロールしろ!!
Auslösen（アウスルゥーゼン）：（ボール保持者を）誘導しろ!!
Geh dazu（ゲー・ダツー）：そこに行け!!
Hilf ihm（ヒルフ・イム）：彼をヘルプしろ!!
Greif rechts / links an（グライフ・レヒツ／リンクス・アン）：右をアタックしろ!!／左をアタックしろ!!
Mach rechts / links zu（マッハ・レヒツ／リンクス・ツー）：右を切れ!!／左を切れ!!
Auge（アウゲ）：（相手を）視野に入れろ!!
Haltet aus（ハルテット・アウス）：しのげ!!
Warten（ヴァルテン）：待て!!
Noch nicht（ノッホ・ニヒト）：まだだ!!

Geduld (ゲドゥルト):耐えろ!!
Raus (ラウス):アップしろ!!
Stellen (シュテレン):セットしろ!!
Höhe Halten (ヒューエ・ハルテン):高さを平行に揃えろ!!
Zweikampf (ツヴァイカンプフ):1対1
Manndeckung (マンデックング):マンツーマン
Restverteidigung (レストフェアタイディグング):リスクマネジメント
Absicherung (アプジッヒャルング):カバー
Orientierungsfähigkeit (オリエンティールングスフェーイッヒカイト):定位能力
Antizipationsfähigkeit (アンティツィパツィオンスフェーイッヒカイト):先取り能力
Umschalten (ウムシャルテン):切り替え
Der Kreislauf des Ballgewinnspiel
(デア・クライスラウフ・デス・バルゲヴィンシュピール):ボールを奪うプレーの循環
Kompaktheit, Höhe gewinnen, auf Pressing Auslöser warten
(コンパクトハイト、ヒューエ・ゲヴィネン、アウフ・プレッシング・アウスリューザー・ヴァルテン)
:コンパクト・ハイラインを保つ、プレスの口火を待つ
Alle hinter den Ball kommen (アレ・ヒンター・デン・バル・コメン):全員ボールの後方に構える
Dazukommen (ダーツーコメン):加わる
Vorwärtsverteidigen (フォアヴェアツフェアタイディゲン):前面からアタックする
Deckungsschatten (デックングスシャッテン):カバーされる影
Torverteidigung (トアフェアタイディグング):ゴールを守る
Vorwärtsverteidigungsbereitsschaft
(フォアヴェアツフェアタイディグングスベライツシャフト):前面からアタックする態勢
BoS Raumverteidigung (ベーオーエス・ラウムフェアタイディグング):BoS的ゾーンディフェンス
kein Zugriff (カイン・ツーグリフ):プレスがハマっていない
Foul (ファウル):ファウル
Kein Foul (カイン・ファウル):ノーファウル
Kein taktisches Foul (カイン・タクティッシェス・ファウル):ノータクティカルファウル
evtl. Torgefahr (エヴェントゥエル・トアゲファー):場合によっては失点危機
im Griff (イム・グリフ):プレスがハマっている
Pressing Killer (プレッシング・キラー):プレスを台無しにする
zielstrebig (ツィールシュトレービッヒ):目的に直線的、ひたむき
außen überlappende (アウセン・ユーバーラッペンデ):アウトサイドに重複したポジション
überlappender Zahn (ユーバーラッペンダー・ツァーン):八重歯
Durchschieben (ドゥルヒシーベン):それぞれがスライドしてスペースを埋める
Durchdecken (ドゥルヒデッケン):それぞれがスライドしてスペースを埋める
Durchsichern (ドゥルヒジッヒャン):安全性を念頭に置いたスライド
Tiefensicherung (ティーフェンジッヒャルング):背後のケア
Schließen (シュリーセン):ロックする
Sicherungsdreieck (ジッヒャルングスドライエック):ケアの三角形
Vordeckung (フォアデックング):(相手の)前に入る
Nachdoppeln (ナッハドッペルン):(ドリブルで仕掛ける味方に対する)サポート

ブックデザイン＆DTP　今田賢志
カバーイラスト　本村誠
編集　石沢鉄平（株式会社カンゼン）
協力　孫勝基
三浦茜
楽天ヴィッセル神戸株式会社

サッカー「BoS理論」
ボールを中心に考え、ゴールを奪う方法

発行日　２０２３年11月20日　初版
著者　河岸 貴
発行人　坪井 義哉
発行所　株式会社カンゼン
〒１０１-００２１
東京都千代田区外神田２-７-１ 開花ビル
ＴＥＬ ０３（５２９５）７７２３
ＦＡＸ ０３（５２９５）７７２５
https://www.kanzen.jp/
郵便為替 ００１５０-７-１３０３３９
印刷・製本　株式会社シナノ

ISBN 978-4-86255-702-5 Printed in Japan
定価はカバーに表示してあります。
ご意見、ご感想に関しましては、kanso@kanzen.jpまでEメールにてお寄せ下さい。お待ちしております。